『剣道強豪高校の稽古』

剣道強豪高校の稽古　目次

九州学院高校〔熊本〕

勝ち続ける九州学院。誰にも止められない九州学院。まさに〝黄金時代〟と呼ぶにふさわしいこの快進撃は、いったいいつまで続くのだろうか。インターハイ4連覇達成のチームを牽引した梶谷彪雅と星子啓太による対談、九州学院の司令塔である米田敏郎監督のインタビュー、卒業生による九州学院評など、多角的な目線で黄金時代成立の由縁を紐解く――。

過去に目を向けることなく今すべきことをやり遂げる

九州学院高校監督
米田敏郎

こめだ・としろう／昭和44年生まれ、熊本県出身。九州学院中・高校を経て、中央大学に進学。大学卒業後は教員として郷里に戻り、母校で後進の育成に励む。自身も選手として全日本選手権や全国教職員大会、国体などで活躍。指導者としては、全日本選手権を制した内村良一（警視庁）や西村英久（熊本県警）をはじめ、多くの名選手を育て上げている。（令和2年10月、剣道八段合格）

チームを支えた三者三様の三本柱

――まずは今年一年の振り返りをしていきたいのですが、今年のチームの3年生は、おもに梶谷彪雅選手、星子啓太選手、鈴木雄弥選手の3名が試合に出場していました。それぞれどんな選手でしたか？

米田　主将を務めた梶谷選手は、なりふりかまわず練習に取り組む姿勢は歴代の九州学院の生徒のなかでも、1、2を争うほど優れていたと思います。少しでも強くなりたい、何かを学びたいという彼の人間性は素晴らしいものがありましたし、我々も見習わなければいけない部分だと思いました。

――入学当初から求めて稽古ができていた？

米田　そうですね。かつての内村良一選手を思い出しました。内村選手は完璧主義者ですが、梶谷選手は完璧でなくともやると決めたことをやりきる子です。納得するまで突き進んで、壁にぶつかって、悩みながらもその壁を登っていく。だから心が折れることもあるし迷うこともあるのですが、ちゃんとまわりの意見を聞く姿勢を持っているので、まっすぐ成長していくことができたと思います。

――梶谷選手は中学時代に日本一になっていますが、九州学院でさらに変化していった？

米田　全中団体優勝という実績を持ってここへ入学してきましたから、本人としては1年生から試合に出場できるだろうと思っていたかもしれません。でも実際は先輩にはまったく歯が立たないし、これまで決まっていた技が一本にならない。そのときに「自分のスタイルはこれでいいのだろうか？」と考えたはずです。そこで、変わろうとする心の強さが見えました。あのスピードや展開の速さは、彼の最大の持ち味です。そこからさらに強くなるためには何が必要なのかを理解して、そこに私の想いもうまく融合させることができたんだと思います。

――大将を務めた星子選手はいかがですか？

米田　彼は、打つべきポイントや、駆け引き、つくり方が、非常に私が考えるものと似ていると思います。だから、小学校のときに試合をやっている姿を見て、何か感じるものがあったのかもしれません。私が話すことをよく理解して、ものすごく吸収してくれましたね。彼の考えと私のスタイルが上手くかみ合っていたのかもしれないです。

――細かい声かけをしなくとも強くなっていった？

米田　もちろん「こうした方がいいぞ」「これはこういう意味だぞ」という話しはしましたが、それを何度も指導する必要はありませんでした。一度伝えればある程度理解してくれますし、納得しないときはそのままにしないで、ちゃんと聞きにきてくれる生徒でした。

――切り込み隊長として先鋒で活躍した鈴木選手については？

米田　このチームの出発段階では、やはり梶谷選手と星子選手の二人を中心に考えていました。ただ、いわゆる頼り過ぎな部分が実際にはあって、そのあとに続いてくる選手がなかなかでてこなかったのが本音です。鈴木選手は愛知県の東レ居敬堂出身で、入学当初からスピードもありましたし、勝負勘もあった。ですが、彼自身がその良さをなかなか見いだすことができずに、迷っている時期が長かったと思います。

――九学の剣道になじめずにいた？

米田　鈴木選手には変わってもらいたい部分がありました。それは、彼がさらにステップアップするために必要なことだったのですが、やはり「変わるとき」というのは、どうしても思い通りにはいかない。試合で負けることが増えたりもします。それが耐えられなかったのでしょう。でも、その期間を耐えきらなければもとに戻ってしまう。鈴木選手はこの壁を破れずにいましたね。

――その殻を破ったきっかけはなんだったのでしょうか？

米田　いろんな話をしました。そのなかで少しずつ彼が変わりはじめていると感じました。だから、まだできあがってはいない状態であっても選抜大会のレギュラーに選んだんです。彼はそこでうまく乗り切れた。ちょっとしたきっかけですが、本人も納得できた部分があったのだと思います。そして、その後の魁星旗で方向性が見えたことで「自分はこれでいいんだ」と自信をもってくれたんだと思います。鈴木選手が変わってくれたことで、このチームにも兆しが見えはじめました。

優勝したから現状維持ではなくさらなる成長を求めて

――前年度優勝チームのレギュラーが２人残り、さらに鈴木選手の台頭もある。〝勝って当たり前〟のような声も聞こえていましたが、先生の心境はいかがでしたか？

米田　まったく違いましたね。九州学院には中学校もありますから、中学時代に活躍した選手はずっと見てきています。そうなると、どの学校にも良いメンバーが揃っているように感じるんです。麗澤瑞浪には小角朋樹選手、国士舘には落合晧一朗選手、桐蔭学園には恩田凌志選手、ＰＬ学園には内橋響希選手など、他にも多くの有力選手がいる……、そういったことを考えだせばきりがないんですね。中学時代、星子選手は島原の松﨑賢士郎選手に一度も勝ったことがありませんでした。それを思えば、大将戦になれば負けてしまうかもしれない、と不安になる。だからこそ前の選手が頑張らなければいけないのに、まだ充分に育っていない。正直、まずいなと思っていました（笑）。

――ですが、星子選手、梶谷選手、鈴木選手の成長も見えているわけですよね？

米田　ほかはもっと成長しているかもしれないじゃないですか（笑）。選抜大会はどこが勝つかは分からないと思っていました。私も「さあ、自分がこの子たちをどこまで育てることができたのかな」というような気持ちで臨んだんです。結果として優勝する

今期のチームは３年生の３名がチームを牽引。とくに先鋒を務めた鈴木選手の成長が、日本一への大きな原動力となった

ことができましたが、「今回は運が良かったんだ」としか思えませんでした。

――先鋒のイメージが強い梶谷選手が新チームになって副将を務めることになりましたが、そこにはどんな考えが？

米田　梶谷選手の勝負強さが規格外だったからです。気持ちも強いですし、勝負がかかればかかるほど、良い意味で何をするか分からない。二本勝ちしないといけない場面でしっかり二本勝ちできる選手なんてそうはいません。相手もそれを分かって試合に出てきているわけで、その状況で二本を取りきる梶谷選手は、相当勝負強いと思います。

――選抜大会で優勝を決めてから、次のステップとして考えたことは何ですか？

米田　「レベルアップ」ですね。選抜大会では優勝できましたが、次はまわりも成長してくる。当然、我々もレベルアップしていくしかありません。

――追われている感覚はありましたか？

米田　一つひとつの大会において、ここまで準備しておかなければいけない、という基準が私のなかにあります。そこに向かっていくだけなので、追われているといった意識はありませんでした。私の基準が甘ければ、たとえ自分のなかでは基準を満たしていても実際の試合では負けてしまうと思います。だから、妥協せずに基準を高いところまで上げていくんです。

――インターハイで優勝するためには、選抜大会からの成長が必

須になる。

米田　いろんな意味でのレベルアップですね。技術、メンタル、肉体、すべてを含めて変わらないといけない。みんな成長していくわけですから、〝現状の維持〟ではダメです。守りに入ってはいけないと思いますね。春の状態を熟成させようとしても、熟成しきる前にまわりが成長してしまうので、夏には追い越されてしまうと思います。

――それはこれまでの経験で実感したことですか？

米田　いろんな先生方が教えてくださいました。過去には、選抜大会では何回か勝たせてもらってもインターハイでは勝てない「春の九学」と言われたこともあります。そのときに「何が悪いんだろう、勝っているチームと何が違うんだろう」といろんな先生方にお話をうかがって、アドバイスを頂いたんです。他愛のない話のなかから「あっ」と気づくこともありました。なかには「いや、それはどうかな？」と思うことがあっても、別の機会に「この前の話はそういう意味だったのか」とつながってくる。こういった、先生方のちょっとした一言は、私に多くのことを気づかせてくれました。

――勝ち続けることで、選手に慢心が生まれたりはしませんか？

米田　そもそも、子供たちには勝ち続けているという意識がないかもしれません。私のなかにもない。なぜなら、結果的に九州学院は連覇をしていますが、一年一年、それぞれ勝ったメンバーは違うじゃないですか。いつも次の目標にむけて稽古しているから、過去に目を向けることがほとんどないんです。つねに、今やらなければいけないことは何かを考えていると、そんな余裕はありません。いつも「負けるかもしれない」というところからチームをつくりはじめますから、不安しかない。不安だから一生懸命稽古をするんです。

――慢心はないとしても、「自分たちは強いんだ」という自信は持っていた方がいいのでは？

米田　それは考え方だと思います。私はどちらかというと、「あの学校は強いよな、だから負けないように頑張ろう」と思うタイプなんですよ。自分たちが強いと思ったことは一度もありません。

――玉竜旗では、ライバルである島原との接戦を制して優勝を果たしました。この勝利は自信につながりましたか？

米田　力の差はありませんから、接戦になることは分かっていました。結果として優勝できて良かったと思っています。

――決勝戦では梶谷選手が反則負けをする場面もありましたが、監督はあの試合をどう見ていましたか？

米田　私としては「ほら見てみろ」と。梶谷選手は大会前からいろいろなメディアの取材を受けて注目を浴びていましたから、そこでの甘さが出たのだと思います。その甘さを本人が身をもって気づくことができたという意味では、あの試合は結果的に良かったのかもしれません。

――星子選手は九学の大将として、さすがの強さを見せましたね。

米田　こういう厳しい試合を乗り超えさせるために、九州大会では熱中症になるほど厳しい状況のなかでも、あえて代表戦を戦わせたんです。試練を乗り越えて、本当の大将として頑張ってもらいと思っていましたから。その経験も生きた一戦でした。

「やってきたことは間違いない強い意思を持ってやり遂げよう」

——岡山インターハイはどのように戦っていこうと考えていましたか？

米田　いつもと同じです。挑戦者の気持ちを持って、どういう風に予選から入っていこうかとか、個人戦もありますからスタミナが足りるかなとか。いろんなことを考えながら大会に臨みました。

——予選リーグから決勝戦までの戦いぶりはいかがでしたか？

米田　予選リーグでは梶谷選手が2試合とも負けてしまいました。玉竜旗で負けたことも要因の一つにあるとは思いますが、とても

今年も高校選抜、玉竜旗、インターハイの３冠を制した九州学院。３年連続の３冠制覇とその勢いはとどまるところを知らない

調子が悪かった。だから、どうやって彼に本来の調子を取り戻させるかという面ではかなり神経を使いましたね。決勝トーナメントで梶谷選手が勝ってくれたときにはホッとしました。

――最終日は、個人、団体ともにハードな一日となりました。生徒にはどんな言葉を？

米田　特別なことは言っていません。「今までやってきたことをやろう」ということだけですね。「やってきたことは間違いないはずだから、強い意思を持ってそれをやり遂げよう」と、それだけです。

――個人戦の決勝には、梶谷選手と星子選手が勝ち上がってきました。同門対決となったわけですが、どんなお気持ちでしたか？

米田　梶谷選手も星子選手も個人優勝を狙っているのが分かりましたし、当然、私も勝ってほしいと思っていました。ただ、まさか二人とも決勝まで勝ち上がれるとは思っていませんでした。負けた方をどうやって団体戦へ切り替えさせるかとか、そんなことばかり考えていました。

――団体戦の決勝は、小角選手を擁する麗澤瑞浪との対戦になりました。どんな戦いを予想されていましたか？

米田　途中経過がどうであれ、後ろ二つに勝負がかかってくるだろうなと想定していました。なので、梶谷選手と星子選手で負けたらしょうがないという気持ちはありました。

――予想どおり、勝負は大将戦までもつれ込みました。星子選手が先制しながらも一本を取り返される試合展開となりましたが？

米田　私も「勝負をつけてこい」と送り出しましたし、彼も立ち上がりからやや強引なほどに飛ばしていたので、途中でスタミナがガクッと落ちましたね。その矢先に小角選手に打たれたんです。ただ、試合がはじまる前から「二本取るつもりでいきなさい。勝負だよ」ということは伝えていましたから、「分かってるよな？」という気持ちはありました。

――勝負を決めた、三本目開始直後の面は会場中が衝撃を受けました。あの技は日頃の稽古の賜物ですか？

米田　あれは、星子選手自身で判断して出した技ですね。彼がその一瞬に賭けたのだと思います。「はじめ」と同時に跳び込んで行ったように見えるかもしれませんが、私はあの一瞬にタメがあったと思います。そのわずかなタメが無意識に生まれたものだったとすれば、日頃やっていたことがでたのかなと思います。感覚的には、昨年のインターハイ決勝戦で槌田祐勢が最後に打った面とまったく同じです。星子らしい技が最後に出たなと感じました。

――星子選手らしさというのは？

米田　思い切りの良さだとか、勝ち気な部分が見えましたね。みんな負けず嫌いですが、彼は単なる負けず嫌いとは違って、負けたくなくて勝ちたい選手なんです。

――星子選手も絶対に負けない選手になりたいと言っていました。

米田　絶対に負けない、というのは不可能なことだと思いますが、目指すべきところはそこだと思いますね。おそらく彼は本気で言っていると思いますよ。彼の目標としているところが私には分かるような気がします。

＊

――４連覇という偉業を経て、新チームへと代替わりをしました。今現在の先生のお気持ちは？

米田　また一年がはじまったな、と。今は、どのようにチームをつくっていこうか思案している段階です。本来であれば、玉竜旗やインターハイのころから少しずつ新チームに手をかけはじめるのですが、今年は震災の影響もあったのでチームの調整にかかりきりになってしまいました。例年よりもチームづくりが遅れています。

――新チームの選手たちに望むことは？

米田　いろんな意味で、感覚や考え方を変えてもらいたいなと思います。「このぐらいでいいや」という甘さをなくしてほしい。技術も身につけていかなければいけないですし、まずは年明けの選抜予選も勝ち抜かなければならない。だからこそ、気持ちが変わってもらわないと進んでいかないんですよね。

――気持ちが変わらなければ技術は身につかないということ？

米田　そうですね。そこは平行していると思います。技術が上がっても気持ちがともなっていなければ、それを活かすことができないと思います。こちらの気持ちを押しつけてやらせることは可

部員一人ひとりを熟知し、それぞれに合った指導を施すのが米田流の育成術である

能かもしれませんが、押しつけて身につけたものは本物ではないので、肝心なときにアラが見えてしまうんです。

――私生活から見直さなければいけない？

米田　はい。〝日々是剣道〟と言っていますが、これを実践することは正直むずかしいです。頭では分かっていてもできない。それが能力だといってしまえばそれまでですが、であれば、その能力をどれだけ大きくしてあげられるかが指導者の力量だとも思っています。「できないからやらない」ということではなく「できなくてもやろう」というところに意味があると思います。

――新チームの中心になるのは、今年の優勝メンバーの一人でもある岩切選手？

米田　岩切選手は中心にいてもらわなければ困ります。彼は、すごくオーソドックスで崩れない剣道をします。そこをどう結果につなげていくかが大事になってくると思うんですね。まだ「大丈夫かな？」という不安の方が大きいですが、大将として頑張ってもらいたいとも思っていますし、たとえ試合に負けてもそこを乗り越えさせないと、今後の彼のためにも、チームのためにも、もっといえば私のためにもならない気がしています。

――今の九州学院の目標を教えて下さい。

米田　まずは選抜予選で全国への切符を勝ち取ることが最大の目標です。そして、選抜大会、その先……と、当然目指してはいきますが、具体的なものとしてはまだまだ出てこないですね。熊本というこの勝負の盛んな地域で勝ち残ること、これが大変ですから。遠い目標ではなく、目の前の試合に集中していきたいと思っています。

素振り

大きく肩を使い、左足の引きつけに気をつける

九州学院で行なう素振りについて、全般的に心がけているのは肩を大きく使うことです。このとき、スピード感なくゆったりと振り上げと振り下ろしを行なっていては、素振りと実戦が結びつきません。とくに振り下ろしの瞬間は、剣先を止めず、はしらせるイメージでしっかりと振り切りましょう。

そして、もう一つポイントとしてあげておきたいのが、左足の引きつけです。どの素振りにおいても、左足の引きつけがおろそかになると、鋭い振り下ろしができません。逆を言えば、つねに左足の引きつけを意識しておくことで、実戦につながる素振りが実行できます。

九州学院では、素振りを実戦に直結させるために、一挙動の正面打ちや、それを2回連続で行なうもの、一挙動の跳躍素振りなどを稽古しています。身体の軸をぶらさず、振り上げを我慢しながら、最後の瞬間に振り上げと振り下ろしを一気に行なうことで、タメのある素振りを実践しています。このタメが、実戦においては一本につながっていくと思っています。

◎前進後退正面打ち

肩を使って大きく振り上げる。振り下ろす瞬間に力を込め、剣先をはしらせることを意識する。前進するときは左足、後退するときは右足を鋭く引きつける。

◎前進後退左右面打ち

手首をしっかりと返すことを忘れない。とくに左に返すときは、刃筋を立てることを意識する。切り返しの要領で、目の前に相手を想定して、確実に左右の面を打つ。

◎一挙動の正面打ち

身体の軸がぶれないように気をつけながら、足をしっかりと動かす。足の出しはじめは振り上げを我慢し、機会を見て振り上げと振り下ろしを一拍子で行なう。振り下ろしの強さを意識する。

◎一挙動の正面打ち（連続）

要領は「一挙動の正面打ち」と同じ。連続で行なう場合は振りが小さくなってしまいがちなので、肩を使うことを忘れず、大きく竹刀を振り上げる。

◎一挙動の跳躍素振り

振り上げと振り下ろしのスピードを意識する。

足さばき

身体の軸をぶらさず、左足に重心を乗せることを意識する

足さばきで重要なのは、いつでも動き出せる状態を維持することです。そのためには、左足に重心を乗せることを意識する必要があります。

九州学院では「円の動き」として、円を描くように足をさばく稽古法を実践しています。これは、前後左右に限らず、３６０度どの方向に足をさばいたとしても、左足に重心を乗せることを意識させる稽古ために行なっています。軸足をつくることで、瞬間的な動作や打ち出しが可能になり、打突の好機を逃すことが少なくなると思います。

道場を縦に使用したすり足の稽古では、身体の軸をぶらさない

◎すり足

できるだけ上体がぶれないように意識する。左足に重心を乗せて軸足をつくり、左足が右足を追い越さないように注意する

◎小さく面（連続）

小さく打つ面や小手面の連続は、踏み込み足を意識することがポイント。手首を利かせて竹刀を振ることも大切

◎跳躍して面（連続）

◎すり足から小さく面打ち

ことを意識させるようにしています。とくに、左足が右足を追い越してしまわないよう注意が必要です。左足が右足を追い越してしまうと、その瞬間は打突に出ることができません。いつでも打てる態勢を整えておくことが、剣道においてはとても重要であると思います。

すり足と打突を組み合わせた稽古では、できる限りスピードを上げ、そのなかでも体勢を崩すことなく打突に出られることを心がけています。

基本打ち

大きく正しい動作で行ない、徐々に打突動作を小さく速くしていく

基本打ちは切り返しからはじまって、面打ちや小手打ち、胴打ちなどオーソドックスなかたちで行なっています。そのなかでも、とくに切り返しは重点を置いている稽古の一つです。大きな動作でしっかりと打突部位をとらえること、これは自分ではできているつもりでも、実際はなかなかできていないものです。打突部位を意識して行なうことで、こういった基本打ちも実戦へとつなげていくことが可能になります。

面打ち、小手打ち、胴打ち、突きなどは、それぞれ細かい注意点はありますが、まずは大きく正しい動作で行なうことが肝要です。小さい技を習得することももちろん大切ですが、はじめから小さい動作で技を身につけようとすると、身体が前傾して体勢の崩れた打突になってしまいがちです。適正な姿勢は有効打突の条件の一つでもあるので、まずは大きい動作で崩れのない打突を身につけ、徐々に動作を小さくしていきます。小さく打つ際も、大

きく打つときと同じくらいの打突の強さを求めるとよいでしょう。

◎切り返し
右足の踏み込みと手の内に注意して、一本一本力強く打つことを心がける。とくに左右面は、竹刀が確実に打突部位をとらえるようにする。

◎大きく面打ち
遠間から攻めを入れて行なう。打突時に身体が前傾してしまわないように、正しい姿勢を維持する。左足に重心を乗せ、上半身を起こしたまま大きく面を打つ。

◎小手打ち
面打ちと同じように必ず攻めを入れ、相手の手元の浮きをとらえることを心がける。手先だけで打つことなく、左足を強く蹴り出して身体全体で打つイメージを持つ。

◎小さく面打ち
左足を引きつけて体勢をつくって打つパターンと、左足を引きつけずに一足で打つパターンを実践。左手を利かせて打突に強さを出す。

技の研究

攻めに対して相手がどう動くか、一歩先まで読んで打突する

技の研究は、基本打ちをさらに実戦に近づけた稽古です。この稽古を行なう上で大事になるのが〝攻め〟です。自分が仕掛けた攻めに対して相手がどう動くのか、そしてそこをどうとらえるのか。相手に隙をつくり出すことができなければ、一本を取ることはできません。この隙をつくり出す作業を稽古で重ねておけば、試合においても自然と稽古と同じような攻めができるようになり、もちろんその隙をとらえることが可能になります。

たとえば面技の研究であれば、表からの攻め、裏からの攻め、上からの攻め、下からの攻めと、攻めの数は無数にのぼります。

ただまっすぐ攻め入って打つだけでは、相手も守りを固めてしまうでしょう。多彩な攻め口を持っているからこそ、相手も次はどんな攻めでくるのかと迷い、そこに隙が生じます。

九州学院では、とくに引き技の研究にも重点を置いています。引き技は、スピードだけで打とうとしてもなかなか一本にはなりません。足を使い、動きのなかで打てるタイミングと体勢をつくり出すことが大切になります。

◎引き技の研究
足を使い、動きの中で打突の好機をつくり出す。激しく動きながらも、隙が生じたらすかさず打てる体勢を維持しておく

◎面技の研究
上下表裏の攻めをしっかりと意識する。動き出しを大切にし、かならず隙をつくり出してから打つ

応じ技・応用稽古

ただ崩して打つのではなく、理に適った場面で技を出す

通常の応じ技の稽古は、相手の打突を抜いたり返したりして打突をしていきますが、ここでもより実戦に近い稽古を求めていきます。

応じ技の稽古を実戦に近づけるために大事になるのは〝理合〟です。少し噛み砕いた言い方をすれば、理に適った場面で技を出しているかどうかです。「崩して打て」とは剣道の稽古でよく言われる言葉ですが、独りよがりの攻めで崩そうとしても、そう簡単に相手は崩れてくれません。いつ、どのタイミングで相手を崩

◎面に対する応じ技

相手と攻防をするなかで、理に適った場面で技を出すことを意識する。元立ちも一本を取る気持ちで攻め合うことで、より実戦に近い状況をつくり出す

すのか、そして技を出すのか、その理合を、この稽古で身につけていきます。

理に適った場面を稽古のなかでつくり出すには、掛かり手だけでなく、元立ちの働きも非常に重要になります。元立ちもつくりを意識して一本を取る気持ちで打ち込むことで、稽古の状況がより実戦に近くなります。

応用稽古のなかでは、「相手に打たさない」稽古も取り入れています。試合では危険を感じたときに、間合を潰したりすることがよくあります。この稽古では、ただ間合を潰して終わるのではなく、そこからすぐさま機会をつくり出し、かならず技を出して終わることを意識させています。

◎打たさない稽古

ただ間合を潰して終わるのではなく、かならず一本を打って終えることを実践している

実戦稽古

地稽古は攻めの強弱を意識し、試合稽古は本番の状況を想定する

稽古の最後は地稽古と試合稽古です。地稽古においては、攻めの強弱を意識させるようにしています。

地稽古とは模擬試合のようなものですが、稽古であることを忘れてはいけません。打たれたくないという気持ちばかりが先に立っ

◎地稽古

ときにはさばく、ときには攻め返すなど、攻めに強弱をつけることを心がける。あくまで稽古であることを忘れない

◎場面を設定して行なう試合稽古

残り時間や場面を想定し、今、自分が何をすべきかを考えながら行なう

て、すぐに間合を切っているようでは、本当の力は身につかないでしょう。これまでも攻めの重要性を言ってきましたが、相手との攻め合いに重点をおいて、ときには足でさばく、しっかりと攻め返すなど強弱をつけることで、稽古がより濃いものになると思います。

試合稽古は、場面や残り時間など、細かい場面を設定して行なうようにしています。今、自分の置かれた立場ですべきことはなにか。つねに考えながら稽古をすることで、本番でも瞬時に的確な状況判断ができるようになります。

「二人で、約束の場所へ」

星子 啓太 × 梶谷 彪雅

世代トップの二人が、志を抱いて同じ高校の門を叩いた。友人として、戦友として、ときにはライバルとして、濃密な時間を過ごしてきた両者が、九州学院での3年間を振り返る――。

秘密練習をした寮の洗濯物干し場で

日本一を目指して
最強・九州学院の門をくぐる

――まずは率直な感想から聞かせて下さい。九州学院での3年間を終えてみて、いまどんな気持ちですか？

梶谷　きつかったですけど、今は楽しかったなぁって。

星子　終わってみるとそう思いますけど、現役のときは練習が終わってもすぐ次がくるじゃないですか。夜の稽古が終わっても、すぐに朝練。

梶谷　終わりがない（苦笑）。でもずっと「日本一、日本一」って言ってきたから、そこを目標にしている以上は頑張らないといけないという気持ちもあって。

――高校入学時に思い描いていた九学の稽古とは違った？

梶谷　入学当初は、稽古メニュー自体はそこまできついと感じませんでした。でも、精神的にきついというか、練習が終わったら何もする気にならない。「なぜかきつい」というのが実感です。

星子　稽古中の張り詰めた空気に気疲れしてしまう感じです。

――入学して、米田監督にはじめて言われた言葉は覚えている？

梶谷　身体が大きくなったら、中堅、副将、大将のどこかで使うと。身長で言えば最低175センチが条件だったんですけど、そこまで伸びなかったですね（笑）。

星子　あんまり覚えていないですけど、入学前に言われたのは、高校には5つのタイトルがあって、5冠を目指していると。それを聞いたときに、自分も目指すしかないなと思いました。

――話は飛んでしまうけど、二人の3年時の成績は、最後に国体を落として4冠。この国体はかなり悔しかった？

星子　悔しいですね。

梶谷　準決勝で地元の岩手に勝ったことでホッとしてしまった部分もあったし、そこでもう一度気を引き締めることができませんでした。

星子　決勝は長崎とだったんですけど、自分の相手は島原の松﨑選手でした。何度もやっている相手だし、最後のここで勝たなければと思っていたのですが、気づいたら打たれていて……。

――松﨑選手以外に、ライバルと思っている選手はいた？

二人　麗澤瑞浪の小角選手です。

――麗澤瑞浪の小角選手は、二人にとってどんな選手でしたか？

星子　うまい。向こうも一本を取りにくるタイプなので、やりづらいということはないんですけど、他の試合とかを見ていると「うまいな～」って思いますね。

――インターハイの決勝戦は、最終的に星子選手と小角選手の対戦になりましたけど、梶谷選手はあの試合をどう見ていましたか？

梶谷　そんなに心配はしていなくて。啓太が負ける姿は想像できませんでした。一本取り返されたときも、必ず二本目を取ってくれると思っていました。ただ、三本目の最初で面に跳んだときは「そこで跳ぶか！」と思いましたけど。さすがですね。

星子啓太 三段

ほしこ・けいた／平成10年生まれ、鹿児島県出身。重富剣道スポーツ少年団で竹刀を握り、吉野剣道スポーツ少年団時代に夏の全国大会で個人2位入賞。重富中では全国中学校大会で個人ベスト8の成績を残す。九州学院高校に入学以降は、3年間に渡ってチームの中核として活躍。不動の大将として、3年時のインターハイでは個人団体ともに優勝を成し遂げた

――3年間、戦友として戦い続けてきただけあって、二人は深い信頼関係で結ばれていると思うけど。

星子　そうですね。

梶谷　最初よりはね（笑）。

――入学当時は、そんなに仲が良くなかった？

星子　そういうわけじゃないですけど、彪雅は自分のことを気にもしていなかったので。

梶谷　入学当時の自分は天狗でした（笑）。同級生には絶対に負けないだろうと思っていて。でも、最初の稽古で啓太にボコボコにされて。

――最初の稽古。

星子　入学してからは、同級生で稽古をすることがなかったんです。何も考えずに3年生に掛かる。自分は彪雅に相手にされていないのが分かっていたから、なんとかして追い抜いてやろうと思っていました。彪雅が監督や3年生に掛かっているのを見て、どこを打てばいいのか研究しました。それで、5月の後半くらいに彪雅が「やろう」と声をかけてきたので、自分が研究に成果を存分に発揮して（笑）。

梶谷　あのときは稽古相手がいなかったから、なんとなく啓太に声をかけたんです。「え？　なんで？」という気持ちでした。三本勝負であっという間に二本を取られたから納得いかなくて、「もう一本しよう」って言ってまた負けて。

星子　彪雅には、スピードや経験で勝負をしたら勝てる要素がない。でも、研究をしていけば、どこかで勝てる要素が見つかるんじゃないかと思って。スピードが遅いなりに相手を崩したり、間合を盗んだりして。あのとき稽古で勝てたのはたまたまですけど、彪雅と良い勝負ができたことで、「自分もやっていけるかも」という気持ちになりました。

—梶谷選手は、いきなり天狗の鼻を折られてどうしようと思いました？

梶谷　今のままじゃダメだと思いました。ただ自分は不器用で、啓太みたいに研究や工夫をすることが苦手なんです。結果「やるしかない」って思って、啓太に負けないぐらい努力をしようと思いました。

想像を絶する九学の稽古
二人で行なった秘密練習

—1年のときは、寮の洗濯物干し場でこっそり練習していたという話も聞きましたが。

梶谷　やったね。

星子　彪雅が「足は使っているけど、打つ瞬間に止まるからストレートな面を打たれるんだ」ということを監督に言われて。足さばきについては鏡の前とかでも練習をしていたんですけどできなくて、寮で練習するようになったんです。消灯後ぐらいだったよね？

梶谷　そんなに遅かったっけ？

—消灯後も部屋の外に出ていいの？

梶谷　外の電気はつけてもいいので。とりあえず夜だったのは覚えています。

—通常の稽古で何もしたくなくなるくらいまで追い込んで、さらに寮でも練習をしていた。休みたいとは思わない？

星子　自分たちもそのときは答えが見つからなくて。絶対に「こうすればいいでしょ」という答えが分からない。洗濯物干し場で彪雅と、ああじゃないこうじゃないと意見を出し合っていました。

—その秘密練習は二人だけ？

星子　そうですね。

梶谷彪雅 三段

かじたに・ひょうが／平成10年生まれ、大分県出身。別府剣龍館で剣道をはじめる。熊本県・高森中学校の大将として全国中学校大会団体優勝。九州学院高校では、1～2年時は先鋒として勝ち星を量産、3年時は副将としてチームの要を務めた。岡山インターハイでは個人戦決勝を同門の星子啓太選手と争った

梶谷　鈴木が一回だけきて、「オレもずっとやってた」って言っているんですけど（笑）。

――秘密練習は身になりましたか？

梶谷　なったと思います。

星子　そんなに長い期間やっていたわけではないのですが、お互いが意見を出し合える時間は貴重でした。

――入学してからの一年間で成長したこと、何か特別思い出に残っていることなどはありますか？

星子　玉竜旗前の練習がきつかったのは、とても印象に残っています。6月のインハイ予選が終わってすぐ、百本切り返しとか……。

梶谷　指が動かなくなったね（笑）。

星子　切り返しのし過ぎで指が動かなくて。字を書くのもつらかった。本当にこんな稽古やるんだって思いました。

梶谷　そうそう、伝説というか。

星子　1時間切り返しとか、1時間掛かり稽古とか。都市伝説的なものだと思っていました。

――某テレビ番組で梶谷選手がとり上げられたときも、延々と跳躍素振りをしていましたね。

梶谷　頻繁ではないですけど、時々あります。

星子　3時間掛かり稽古をした先輩もいると聞いたことがありますし。

梶谷　成長した部分は、ちょっとずつパワーやスピードがついてきた実感はありましたし、中学時代にくらべて体力もずいぶんついたと思います。あとは、監督が言われる「見えない部分を見る力」も徐々に身についてきたと思います。

星子　パワー、技術、考え方。自分はスピードと体力は今でも全然ないです（笑）。

――パワーの部分では、二人ともこの3年間でかなり大きくなったよね。

星子　自分は入学したとき63キロだったんですけど、今は83キロあります。

梶谷　自分も中学のときは50キロくらいしかなくて、九学に入って「太れ！」と言われて。2年のときは65キロくらい、今は72キロくらいあります。

――太るというのは、メシを喰えということ？

二人　そうです。

星子　1年のときは相当食べました。その量に慣れてしまったので、3年になったらセーブするのが大変で。

梶谷　徐々に成長していくのであまり実感はなかったんですけど、もう別人ですよ。

背中で語る梶谷彪雅
チームをまとめる星子啓太

――二人の代のキャプテンは梶谷選手だったわけですが、梶谷選手は、自分はキャプテンとしての務めを果たせたと感じています

か?

梶谷　いやぁ、全然（笑）。分からないことはほとんど啓太に聞いてきました。後輩から助言を求められたときも、パッと答えられない。助言はするんですけど、「啓太にも聞いてみて」って言ってしまうんです。これはダメな部分でしたね。

星子　自分たちの代は、自分と彪雅が助け合って成り立っていたと思います。彪雅はあまり頭が良くないんで（笑）。

梶谷　（苦笑）。

星子　頭を使うことは自分の役割だと思っていました。練習の頑張りというか、背中で見せる部分は彪雅に敵わない。そこにプラスして自分が担っていた部分も任せてしまうと、彪雅がつぶれてしまうと思ったので。だからちゃんとサポートしていこうと考えていました。

――梶谷選手の稽古に臨む姿勢はすごい?

梶谷　中学のときから、練習がきついからといって体力を余したら意味がないと思っていました。最初から全力で、できるところまでやり切ろうという気持ちで稽古には臨んでいます。

星子　彪雅の稽古を見ていると、「なんでこんなにできるんだろう」と不思議に思うことさえあるんです。きついことを淡々とやる。その姿を見ていると自分も負けていられないっていう気持ちになるし、そこで自分が声をかけたりしてチーム全体を盛り上げていくのが、稽古がきついときのだいたいのスタイルでした。

梶谷　自分も啓太が一生懸命稽古に取り組んでいるから、それ以上にやってやろうと思っていました。

――お互いを見て、負けられないと思っていた。

星子　1年のときの、玉竜旗前の掛かり稽古から、自分たちはずっとそんな感じでした。彪雅は暑さに弱くて、たまにへばって倒れるときがあるんです。そのときは「勝ったな!」って思います（笑）。

梶谷　暑いのダメなんです。

星子　見ていて危ないのが分かるんです。でも稽古をやめない。自分がやめさせて、監督に言ってクーラーの効いた部屋に連れて行くんです。

――自分からはやめない。

梶谷　やめたくないじゃないですか。できるところまでやりたいから、倒れてもいいと思ってとりあえずやる。そこで死んでもいいやっていうぐらいの気持ちで。

星子　自分は1年のときに〆先生から、「なんでお前は稽古しないんだ!」ってよく怒られていました。「梶谷の半分しかしてないぞ!」って。一応自分のなかでは、稽古の量も大事だけど、一本一本の稽古を考えながら自分のものにしていきたいという気持ちがありました。稽古量では彪雅に勝てないので、頭を使って追いつくことを考えていました。

梶谷　自分は体格も負けているし頭も悪いから、稽古をするしかないんです。そこだけはいつも負けている。

――そこだけということは、他は負けていない?

梶谷　そういう気持ちはありますね、気持ちだけ（笑）。実際は分かりませんけど。

――九州学院の稽古はバラエティに富んでいますが、「なんでこんな練習をするんだろう」と不思議に思うことはありませんでしたか？

星子　それはしょっちゅうです。最初のころは選手とそれ以外を分けて引き技の勝負とか。攻めと守りを分けたりとか。「高校の稽古はこんなことをするんだ」と思いました。

梶谷　言われたことをやるだけだったので、自分はそんなに気にしていませんでした。できないことがあると、なんでできないのかを必死に考えていました。

星子　考える練習だよね。

梶谷　そうそう。

――九州学院の剣道は、自分たちに合っていたと思いますか？

梶谷　合っていたというよりも、監督が自分たちに合わせてくれていたと思います。

星子　個性を伸ばしてくれる場所なので、自分には合っていたと思います。

観衆を驚かせた2年時の全国選抜
梶谷を襲った不調の波

――二人は1年生の最後、高校選抜でブレイクしたイメージがあります。とくに梶谷選手の印象は鮮烈でした。

梶谷　あのころが全盛期でした（笑）。先鋒として、勝って勢いをつけようとしか考えていなくて。

星子　彪雅は練習試合だと負けるのに、試合になると急に変わる。しかも練習してきた技をちゃんと決める。自分は彪雅みたいに派手じゃないので、自分で決めようというつもりもなく、槌田先輩に回すことが第一でした。

――2年生になってからは順調でしたか？

梶谷　インターハイまでは絶好調だったんですけど、最後の国体で2敗して。そこから「もう剣道をやめたい」というところまで落ちました。

星子　それまで負けていなかった分、結果を受け止め切れていない様子でした。キャプテンとして怒られる部分も増えて、悩みすぎてそこまで落ちていってしまったんだと思います。彪雅の〝闇期〟ですね。

梶谷　本当にイヤだったんです、何もかもが。

星子　剣道もキャプテンもしたくないって言っていました。自分たちはインターハイで自信を持ったはずなのに、先輩たちがいなくなったことで不安が増えて。自信もなくなったし負けることも多くなった。そんなに順調な出発ではありませんでした。

――梶谷選手の〝闇期〟はいつ打破できた？

星子　彪雅には〝闇期〟がちょいちょいくるんです。3年のインターハイ予選前なんて「個人戦を辞退したい」って言い出して。もう自分には手に負えないと思って、すぐに先輩に連絡しました。

――個人戦を辞退したいっていうのは相当なことだと思うけど、何が引き金だった?

梶谷　何がきっかけというわけではないんですけど、急にくるんですよ。もうダメだって。すべてを前向きに考えられなくなる。そのときに先輩から連絡があって、「なんでお前がそういうことをすると? お前がしっかりせんとチームがまとまっていかんだろ!」と言われて。後になって啓太が先輩に連絡してくれたと知って、ありがたいなぁって思いましたね。

――不安な船出だったわけだけど、どのあたりから自分たちは負けないという自信が持てましたか?

星子　正直、玉竜旗は自信がなかったんです。大会前の練習試合で調子が悪くて、これで本当に大丈夫かなって。それでも優勝できたので、インターハイは自信を持って臨むことができました。

梶谷　自分は反対に、玉竜旗はいけると思っていました。啓太に勝負をまわさないぐらいの気持ちだったんですけど、最後は負けてしまって。インターハイが不安になりました。最後まで気持ちを切り替えることができませんでした。

――決勝後、梶谷選手が泣いている姿がテレビで放映されていま

3年間目指してきたインターハイの舞台。1年時に約束したとおり、梶谷選手と星子選手は個人戦決勝の舞台に立った(上)。団体戦は麗澤瑞浪を破って4連覇を達成し、最強九州学院を証明した(下)

したね。

梶谷　最悪ですよ。泣きたくなかったんですけど、みんながなぐさめにくるから心が苦しくなって……。

星子　自分はなぐさめるんじゃなくて、逆に叱って欲しいタイプなので、あえて彪雅には何も言わなかったんですけど。

梶谷　そうそう。なのに後輩たちがきたからヤバいと思って。恥ずかしかったなぁ。

星子　（笑）。

約束の舞台で日本一を賭けて対戦
団体戦では4連覇を達成

――3年間の集大成となる最後のインターハイについてですが。

梶谷　初日が一番大変だった。

星子　監督が「3日間張り詰めてアップをしたら身体がもたない」ということで、個人戦は自分たちに任されました。「自分たちの力で勝ち上がれ」と言われて。アップも試合の入りも失敗して、全部延長戦で。調子も悪くて勝てる気がしませんでした。

――二人とも、個人でも日本一になりたいと思っていた？

星子　自分は思っていました。

梶谷　自分は、決勝で啓太とやりたいという気持ちでした。

――両方で勝ち上がると、試合数もかなり多くなると思うけど。

星子　結局、個人団体ともに優勝を狙わないと、どちらも取れないと思っていました。団体だけ優勝して、個人も運が良ければ、という考えなら絶対に勝てない。個人も団体も絶対に負けないという思いでした。

――個人戦、団体戦ともに、最終日まで勝ち残ったわけだけど、最後の一日に臨むにあたって二人で話したことは？

星子　とくにないです。「二人で決勝」というのは1年のころから約束していたので。言わなくてもお互いその気持ちだったと思います。

梶谷　そうですね。

――実際にその願いは叶いましたね。個人戦の決勝はどんな気持ちで戦いましたか？

星子　監督からは「時間内に決めるつもりで、思い切ってやってこい」と言われました。ただ、自分は勝ちたいという思いが強かったと思います。

――それは、日本一になりたいということ？　それとも〝梶谷彪雅〟に勝ちたいということ？

星子　両方です。個人戦で日本一になったことがなかったので、なってみたいという気持ちは強かったと思います。

梶谷　自分も勝ちたいという思いはありましたが、絶対に勝つという感じではなくて。そこが最後の差になったのかなと思います。でも啓太に負けたことで気持ちがラクになって、「団体戦は絶対に勝とう！」と思えました。

――麗澤瑞浪とは接戦でしたが、3年間目標にしてきたインターハイ優勝が現実のものになりました。その瞬間の気持ちを教えて

下さい。

星子　終わったという嬉しさと開放感。最高でしたね。

梶谷　やっと終わったって。

星子　心のなかで、「あと何試合だ」ってカウントダウンをしていたんです。終わってしまうのがイヤだなって、さびしい気持ちもありました。優勝したら泣くのかなって思っていたんですが、全然涙が出てこなくて（笑）。みんなが泣いているからどうしようと思ったんですけど、笑って終わろうと思いました。

梶谷　やっぱりこみ上げてくるものはありました。自分たちのチームで成し遂げたというのがうれしくて。

――なんで星子選手は泣いていないんだろうって思わなかった？

梶谷　岩切が悔し泣きをしていたので、そっちの方が気になって（笑）。

星子　そこをなだめるのが先だったんです（笑）。

＊

――ありきたりの質問ですけど、もう一回九州学院で3年間をと言われたらどうですか？

星子　10億払うって言われても断ると思う（笑）。

梶谷　絶対に無理。九州学院中から6年間ここで稽古をしている人たちは、本当にすごいと思う。

――九州学院で得た財産って、何だと思いますか？

梶谷　いっぱいあるな～。

星子　米田監督からはいろんなものをいただきました。一番は〝考え方〟だと思うんですけど、剣道だけじゃない、人として、という部分が大前提で。そこが自分にとっては一番大きな財産になりました。

梶谷　人生の財産というか。ツラいけど、それは剣道を続けていくなかで絶対に必要なことだし、人間性とか、自分は九州学院でかなり成長したと思います。人生で必要なことを全部教えてもらった感じです。

――九学にきてよかった？

梶谷　よかったです。

星子　よかった。こんなふうにインタビューを受ける経験も、九州学院にこなかったらなかったと思うし。

梶谷　そうだね。

星子　しあわせな体験をさせてもらっているのは、米田監督のおかげやなぁって思います。九州学院を選んで本当によかった。自分も彪雅も、その気持ちは一緒だと思います。（文中敬称略）

倒れてもいい、死んでもいいという気持ちで稽古に取り組みました（梶谷）

優勝しても涙が出てこなくて。笑って終わろうと思いました（星子）

水戸葵陵高校〔茨城〕

水戸葵陵高校〔茨城〕

〝勝たせ方〟ではなく〝勝ち方〟を教え続けた30年

君島範親監督が水戸葵陵高校の前身となる水戸短期大学附属水戸高校に赴任したのは、昭和62年のこと。以来、インターハイ団体優勝2回、個人優勝4名、高校選抜では準優勝3回など、数々の輝かしい実績を積み重ねてきた。「〝勝たせ方〟を教えたことはありません。この30年、一貫して〝勝ち方〟を指導してきたつもりです」。高校剣道界で一際まばゆい光を放つ同校の剣道は、いったいどのようにしてかたちづくられているのか――。

誰もが憧れる〝葵陵の面〟生涯に渡って通用する剣道を身につける

君島範親

水戸葵陵高校監督

きみしま・のりちか／昭和39年生まれ、茨城県出身。水戸東武館で剣道をはじめ、国士舘高校から国士舘大学へと進学する。大学卒業後、昭和62年に体育教師として水戸短期大学附属水戸高校（現・水戸葵陵高校）に赴任。監督生活30年余りの間に、インターハイ団体優勝2回、個人優勝4名など各種全国大会で輝かしい実績を残す

監督就任から30余年
全国に〝水戸葵陵〟の名を知らしめた

「私が教師になった当時、茨城の高校剣道は決して高いレベルにありませんでした。関東レベルの大会でも、茨城の高校と当たればラッキー。若いころの私は、そんな状況をなんとかして変えていきたいと思っていたんです」

水戸葵陵高校を率いる名将・君島範親監督は、昔を懐かしむような表情でそう言った。今でこそ、茨城県と言えば男子は水戸葵陵、女子は守谷という全国制覇を複数回経験した強豪校が並び立ち、全国屈指のレベルを誇るようになった。しかし、そこまでの道のりは一筋縄ではなかったということだろう。

君島監督は地元茨城の出身。国士舘高校から国士舘大学へと進学し、教職を志して郷里へと戻ってきた。赴任したのは水戸短期大学附属水戸高校。現在の水戸葵陵高校の前身である。

当時の水戸短大附属水戸高校は、創立から2年しか経っていない新設校。剣道部のレベルは言わずもがなの状態だった。まずは県で優勝することに目標を置いた君島監督は、当時強豪と言われていた学校に練習試合を申し込む。しかし、返ってくる答えは芳しいものではなかった。

「まだ自分たちはそのレベルになかったということでしょう。このときの悔しさが、私の指導に火をつけたと言ってもいいかもしれません」

日本三名園の一つである偕楽園からほど近くにある水戸葵陵高校。正門にはこれまでの剣道部の活躍を讃えるモニュメントが建てられていた

はじめて県予選を制してインターハイへの出場権を得たのは平成４年のこと。今でも、このときのことは鮮明に覚えているという。

５月の連休、君島監督は部員を引き連れて和歌山で開催されていた錬成会に向かった。錬成会を主宰していたのは、国士舘の大先輩でもある上里昌輝氏。錬成会に訪れた君島監督を、上里氏は突然、思い切り叱りつけた。

「なんで今までこなかった！」

君島監督にしてみれば、まだ県レベルでも勝てない状態で、全国区の錬成会に参加するのははばかられるという意識があったのかもしれない。しかし、上里氏にしてみれば、そんな遠慮こそ無用の長物だった。

「上里先生には、私が高校生のころから可愛がってもらっていました。本来であれば教師になった直後から、錬成会に参加させてくださいとお願いすべきだったのです」

上里氏の厳しさに最初は戸惑ったが、日が経つにつれ、厳しさの奥にある優しさを身に染みて感じたという君島監督。その年、ついにインターハイに出ることができたのは偶然ではないだろう。

徐々に力を蓄えてきた水戸短大附属水戸高校が、一気に名を上げたのは平成７年。〝怪童〟と呼ばれた平岡右照選手を大将に据えた同校は、秋田で開催された魁星旗大会で全国大会初優勝。その勢いのまま臨んだインターハイでは、平岡選手が個人優勝を果たす。この年を経て、同校はいわゆる〝強豪校〟の仲間入りを果たした。

平成８年に同校は校名を「水戸葵陵高校」と改称。以降、次なる目標をインターハイでの団体優勝に据えた君島監督だったが、

初のインターハイ出場は、水戸短大附属水戸高校時代の平成４年。そのときのプラカードが、今でも道場に飾られている（上）。高校剣士の憧れとも言える、水戸葵陵高校の胴。将来、この胴をつけて全国制覇を達成したいと、全国各地から入部希望者が訪れる（下）

なかなかその機会が訪れることはなかった。平成13年には鴻巣晃男選手がインターハイで同校2人目の個人優勝、翌年の地元インターハイは3位となり初の入賞を果たしたが、頂点には届かなかった。

茨城インターハイを経て、自身の指導を顧みたという君島監督。「チームの底上げが大事だと感じました。もともと素質のある中心選手に時間をかけるよりも、他の選手をより育てていかなければならないなと」

そして、その結果が出たのが平成18年の京都インターハイ。現在警視庁で剣道に励む遅野井直樹選手や金井佑太選手を中核とした同校は、ついに全国の頂点に立った。

「あのときのチームは、中学時代に活躍した選手がほとんどいませんでした。叩き上げてインターハイの優勝をつかんだという意味では、自分の指導に自信を持つことができた瞬間でもありまし

コーチを務めるのは卒業生の大坂浩一朗氏。寮監も務め、兄貴分として部員を公私ともにサポートしている

激しい稽古が水戸葵陵の真骨頂。厳しさを乗り越えた先に自信が生まれ、その自信が水戸葵陵の部員たちの精神を支えている

た」

一度優勝を手にしたチームは、それまでの苦い経験が嘘かのように結果が出る、というのはよく聞く話である。現在に至るまで、水戸葵陵はインターハイ団体優勝2回、個人優勝を4名輩出する、名実ともに剣道の名門校となった。

「なぜ結果が出たのかは、私自身も分かりません。ただ一つ言えるのは、信念を曲げなかったことです。私は子どもたちを勝たせてあげたいと思う一方で、〝勝たせ方〟ではなく〝勝ち方〟を一貫して指導してきたつもりです。それが今ではいろんな方々に評価していただける〝水戸葵陵の剣道〟になりました。勝てなくてもぶれずにやってきた、その結果ではないかと思っています」

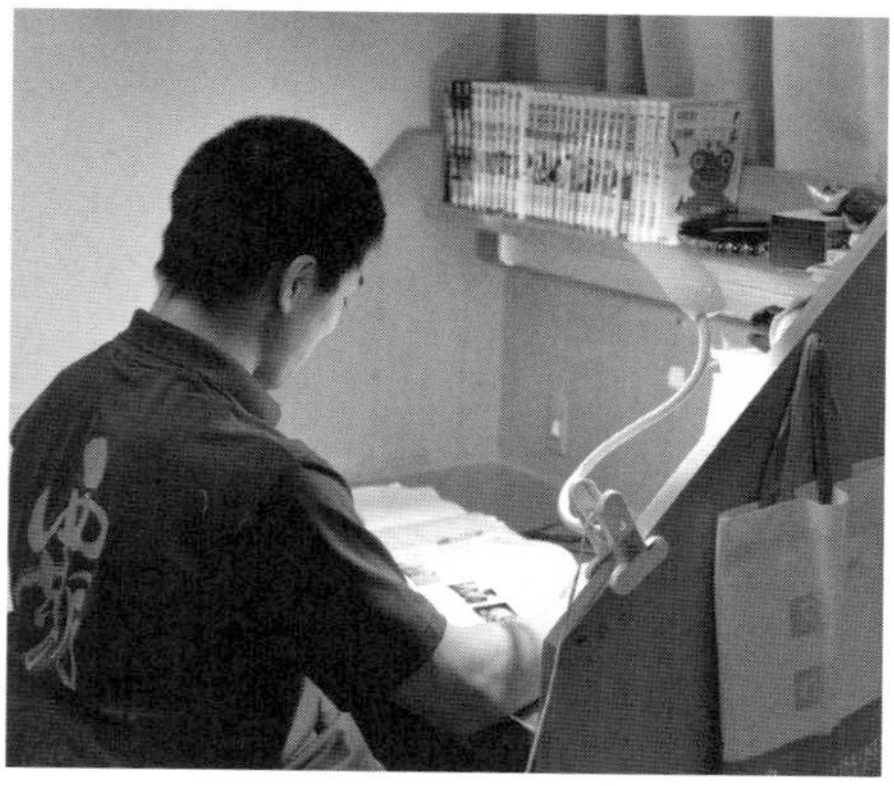

剣道部の寮は旧校舎を改装して使用している。稽古を終えた部員たちは、勉強はもちろんのこと、リラックスした時間を過ごして翌日の稽古に備える(上)。食事の美味しさも寮生活の楽しみの一つだ

基本と面打ちの習得
打たれないのではなく打つ剣道を

〝勝たせ方〟と〝勝ち方〟。非常に似た言葉であるが、君島監督にとっては似て非なるもののようだ。そこにはどのような違いがあるのか。

＊

——君島監督にとっての〝勝たせ方〟と〝勝ち方〟の違いを教えてください。

「〝勝たせ方〟とは負けない、打たれないようにする方法。〝勝ち方〟とは攻めて勝つ、気迫で相手に勝つ方法だと私は区別しています」

——これまで〝勝たせ方〟を指導しようと考えたことは？

「一切ありません。負けない方法を指導しているようでは、いず

身体づくり①　坂道ダッシュ
学校近くの護国神社の坂や階段を利用して体力づくりに励む。トレーニング後は、場所を利用させていただいた感謝の証として、部員全員でお参りをする

身体づくり②　ジムトレーニング
週に数回、稽古後にジムに移動してトレーニングを行なう。ジムでは通常のウェイトトレーニングはもちろん、剣道の動きを模したトレーニングも実践している

れ誰からも相手にしてもらえなくなる。今、みなさんに評価していただいている葵陵のスタイルもできなかったでしょう。30年、一直線にやってきました」

——勝てなくて悩んだ時期もあったのではないでしょうか？

「勝てないからといって負けない方法を教えていくと、子どもたちが伸びなくなる。元々力を持っている子はそれでも結果を出すのでしょうが、ほとんどの子は消えていってしまうでしょう。基礎をしっかりと身につけさせておけば、高校では活躍できなかったとしても、いずれどこかで花開くときがくる。そう信じて指導しています」

——水戸葵陵の剣道は高校生離れしているとよく言われますが、君島監督の指導の根幹について、もう少し詳しくお聞きしたいと思っています。

「大事にしているのは、基本と面打ちです。基本というと幅が広いですが、私の考えでは切り返しや基本打ち、懸かり稽古なども最終的には地稽古に集約されると思います。いくら正しい切り返しや基本打ちができても、それが地稽古で表現できなければ、身についたことにはなりません。実感として、地稽古で力がついたなと感じる部員は、試合でも相応の活躍をしてくれます」

——こだわりの面打ちについては？

「面打ちに関しては、早く打つことに主眼をおいた稽古はしていません。早く打とうとすると、必ず身体が崩れてしまいます。理想はスピード勝負できた面を正面から割れるような面技。ただ当てるだけではなくて打ち切ったと見ている者も感じる面技を求めています」

――理想の面打ちを習得するために、部員たちにはどのような稽古を課しているのでしょうか。

「稽古の方法はさまざまですが、ここでは『押し』や『詰』といった、我々がそう呼んでいるだけですが、独特の稽古方法をとっています。それらはすべて、私の考える理想の面打ちを習得するために必要な稽古です。もう一つ特徴的であるのは、地稽古に制約を設けることでしょうか。突きだけの稽古や、つばぜり合いをなくした稽古、反対につばぜり合いだけの稽古など、状況を制約して行なうようにしています」

――状況を制約する意味とは？

「たとえば突きだけの地稽古を行なった場合、ただやみくもに突きを打っても一本にはなりません。その状況下でどうやって相手を崩すかを必死に考えるはずです。結局は中心の取り合いになるのですが、高校剣道はともすればその中心の取り合いから離れた場所で勝負をしていることがある。私は中心を取ることや剣先のかけ引き、間合の取り方など、剣道で大事とされていることを高校時代に経験し、習得してほしいと思って指導しています」

――精神面の成長についてはは、なにか考えてらっしゃいますか？

「ここを卒業して大学生や社会人になったときに、人格を認めてもらえるような部員にしたいと思っています。そのためには〝愛〟が大事になりますね（笑）。剣道愛。葵陵愛。うちの部員はみんな、剣道に対する愛情が深いと思います」

――高校時代はとくに厳しい稽古を積む時期だと思いますが、それでも剣道が好きになる。

「好きの意味合いが違うのかもしれません。たしかに水戸葵陵の稽古は厳しいと思います。ただ卒業生が口々に言うのは、厳しい稽古を乗り越えたからこそ、自分の剣道に自信が持てていると言うことです。その自信が、彼らを剣道だけでなく、人間的に支えているのだと思います」

――剣道が強くなるために必要なことは何だと思いますか？

「自主性だと思います。水戸葵陵に入りたいと言ってくれる子たちに最初に伝えるのは、ウチに入ってもただいるだけでは何にもならないということ。自分で求めていく姿勢が、強くなるためには必須だと考えています。普通の部活動は、先生や先輩が鍛えてくれることで伸びる。ここはそうではありません。人が鍛えてくれるのではなくて、自分で鍛えるんです」

――最後に、水戸葵陵高校剣道部の一番の特長を、君島監督の口から聞かせてください。

「剣道寿命の長さ、でしょうか。私の指導の最大目標は、教え子が生涯に渡って剣道を続けてくれること。そのために必要な剣道の基本を、水戸葵陵の3年間で身につけさせたいと思って日々の稽古に取り組んでいます」

体幹

アスリートさながらのサーキットトレーニング

坂道ダッシュや階段を利用した筋力トレーニング、充実した環境でのジムトレーニングなど、水戸葵陵は身体づくりにかなりの比重を置いている。その上で、道場ではとくに「体幹」を意識したサーキットトレーニングを行なっている。

部員の身体つきはアスリートさながら。サーキットトレーニングで体幹を鍛え、身体の軸をつくっている

「バトルロープ」では全身の筋肉を、「ラダー」では敏捷性、「スタビライゼーション」は体幹、「メディシンボール」で腹筋、ゴムのような素材を使ったトレーニングでは、手の内や手首のスナップなどを鍛える。これらを順番に行なうことで、剣道に特化した身体をつくり上げている。1年生はまだ身体ができあがっておらず緩みのある状態だが、3年生になるとみな、鋼のような肉体になる。

体幹を鍛えて身体の軸をつくっておくことが、面打ちや小手打ちなど、後々の技術向上に一役買っている。

チューブトレーニング

打突後の体勢づくり、いつでも打ち出せる状態を維持する

これも水戸葵陵独特の稽古法の一つと言えるだろう。

三人一組になり、実践者はゴムチューブを身体に巻きつけ、その他二人でゴムチューブを思い切り引っ張っていく。実践者は反動を使って技を出し、ゴムチューブを持っている者は実践者とは反対側に走って、ゴムチューブをふたたび引っ張る。このとき、実践者は体勢を崩さないこと、そしてすぐさま打突に移ることのできる体勢を維持することを目的とする。

前に出る技だけでなく、引き技なども同様の方法で稽古する。この練習によって、前に出るスピードや、引き技の際の後ろに下がるスピードなどを養うことができる。打突後の体勢の崩れを抑制する効果もある。

三人一組になり、二人でゴムチューブを思い切り引っ張る。実践者は反動を使って技を出していき、すぐさま反転してふたたび技を放つ

押し

床を蹴るのではなく押して前に出る感覚を身につける

同校で「押し」と呼ばれるこの稽古は、はじめて見る者にとってはとても特殊なものに映るだろう。

床は蹴るのではなく押すイメージで身体を前に出していく。そうすることで、身体が平行移動するように打突することができるようになる

「〝押し〟には床を押すという意味が込められています」とは君島監督。通常、打突は左足で床を蹴り出すというイメージがあるが、君島監督の考え方は少し違うようだ。

「スピードで勝負しようと思えば、床を蹴り出すという表現が一番適しているかと思います。ただ、私はスピードで勝負する剣道を教えたいとは思っていません。床を蹴り出すと、跳ね足になったり体勢の崩れが目立ちます。床を押すイメージを持つことによって、左足に体重が乗る時間が長くなり、右足も浮かなくなる。これができるようになると、身体の上下動が少ない、低空の踏み込みが身につきます」

もちろん、スピードはいらないと言っているわけではない。床を押すイメージの打突を身につけた上で、スピードを求めていくことが重要なのだ。いわゆる〝葵陵の面〟は、この押しが根幹を担っているといっても過言ではない。つばぜり合いの状態から左足に体重を乗せて相手を押しこんでいく。バリエーションを変えた突きの押しは、左こぶしが収まっている感覚を得る効果もある。

詰（つめ）

相手を追い詰めて逃がさない、下がらずに攻める意識を浸透させる

「〝詰《つめ》〟は地稽古の一つのバリエーションなのですが、名称がないのでここではそう呼ぶようにしています。相手を追い詰めるイメージで行なうので〝詰〟ということです」

一見するとただの地稽古だが、よく観察していると明らかに通

「詰」の稽古の基本は、決して自分から下がらないこと。つねに攻めて相手を崩すことを最優先に考える

稽古のバリエーションには一本勝負もある。お互いが下がらないこと、相手を引き出すことを意識しながら行なう

常の地稽古とは違うことが分かる。掛かり手と元立ちに分かれ、掛かり手は一切下がることなく、強い攻めで相手を追い詰めていく。

「昔は竹刀を持たず、両手を広げてコーナーラインまで詰め寄る練習もしていました。ただ攻めといっても分かりづらいと思うので、イメージしやすいようにと考えた結果の方法でした」

「詰」は主に、掛かり手が積極的に攻めていくもの、相手を自分のテリトリーに引き込みながら行なうもの、そしてお互いが前述の2パターンを駆使して相互に行なうものがある。

同校の剣道はつねに強い攻めで相手を圧していく印象があるが、その印象は、この「詰」の稽古によって養われているのだろう。

葵陵の面

左足の引きつけと打突を一致させる面打ち

全国の小中学生はもちろん、ライバルの高校生でさえ憧れてしまうのが、俗に〝葵陵の面〟と評される美しい面打ちだ。あの面打ちはどのようにして部員たちに受け継がれているのだろうか。

「私の考える最高の面打ちを身につけさせることが、ある意味3年間の目標でもあります。正しい面打ちを習得することができれば、大学生や社会人になっても、剣道を続けていくことができると思います」

同校の基本稽古を見ていると、面打ちの動作に少し違和感を感じるときがある。どの部員も踏み込み足を使わず、すり足のように足を使っているのだ。

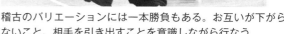

「私の面打ちの指導は、踏み込み足と打突を一致させるのではなく、左足の引きつけと打突を一致させるようにしています。〝膝が上がらず、つま先が上がらず、巻き込まず〟。この面打ちを反復して稽古することで、自然と腰の入った打突が身につきます」

左足の引きつけと打突を一致させる面打ちを稽古することで、踏み込み足を加えたときに美しい腰の入った打突になる

懸かり稽古

懸かり稽古は開始の合図のみ。自分の限界は自分で決める

稽古の終盤には激しい懸かり稽古を行なう。これはどの強豪校でも同じだと思われるが、この懸かり稽古においても、同校にはひと味違った考え方がある。

「懸かり稽古では、太鼓を一度しか鳴らしません」

稽古は自然と限界までいきつくものになるのが葵陵流であり、これが葵陵の伝統だ。

「懸かり稽古が長くできるのは、どこかで抜いている証拠でもあります。自分で求めて限界まで行なう意識を持っていれば、そんなに長い時間にはなりません」

懸かり稽古には一息で一気に行なうものと、一息で行ない限界までできたところで息を吸って突きを放つ二息で行なうものがあるそうだ。

「ウチには疲れたからと手を抜くような人間はいません。全員が求めて稽古をする意志を持っているので、稽古も自然と限界までいきつくものになります。これも伝統だと思っています。すべてにおいて小、中学校と指導して下さった先生方と子供と一緒に頑張ってきた保護者の皆様に尊敬の念を抱いています」

懸かり稽古では自分の限界に挑戦する。短い時間で出し切ることを心がける

元立ちは掛かり手に対して厳しく対し、抜く時間を与えない

明豊高校〔大分〕

"四位一体"による最高の環境で新たな伝統をつくり上げる

高校剣道の歴史を紐解いてみても、あの出来事はまさに"空前絶後"と言っていいだろう。創部1年目、1年生チームによるインターハイ出場。快挙を成し遂げた明豊高校を率いているのは、かつて日田高校を日本一に導いた名将・岩本貴光監督である。「明豊高校には剣道を学ぶ最高の環境がそろっています。今いる子どもたちはその環境に感謝をして、長きに渡る伝統の礎をつくってもらいたい」。わずか数ヶ月で部員を全国区にまで引き上げた、岩本指導法の核心に迫る——。

人間的成長こそ剣道の本懐
心の成長が剣道の成長をうながす

岩本貴光
明豊高校総監督

いわもと・たかみつ／昭和46年生まれ、大分県出身。ＰＬ学園高校から筑波大学へと進学し、卒業後は郷里に戻り高校教員となる。日田高校在籍時の平成20年、埼玉インターハイで教え子を日本一に導く（団体優勝）。翌年、大分舞鶴高校に異動。平成25年より指導のフィールドを大学に移し、別府大学の准教授（現教授）として剣道部を指導する。系列の明豊高校の指導にも携わり、剣道道場「光明館」の館長も務める。剣道教士七段

創部1年目の快挙
つねに一番を目指して稽古に励む

昨年の6月上旬、その驚きは瞬く間に高校剣道界を駆け巡った。

「とんでもないことをしてしまったな、というのが正直な気持ちです」

電話口の先でそう語った岩本貴光監督（現在は総監督）の声色から、その表情に苦笑が浮かんでいたことがすぐ分かった。夏のインターハイへの出場権をかけた大分県予選。優勝を飾ったのは「明豊」という、正直聞いたこともない高校名だった。それもそのはず、明豊高校剣道部は創部1年目、予選の数ヶ月前に立ち上げられたばかりだったからだ。

なぜ、どうやって、創部1年目の剣道部がインターハイに。その答えの鍵を握るのが、指揮を執る岩本監督である。平成20年、埼玉県で行なわれたインターハイにおいて、大分県代表の日田高校は全国優勝を成し遂げた。同県勢としては、48年前の国東安岐高校以来となる快挙だった。この年は、大分県において国体が開催される年でもあった。当然、国体に向けた強化は何年にもわたって施されていたが、それでも、日田高校の優勝を予想する人は少なかったと言っていい。当時のことを岩本監督は次のように振り返る。

「あの世代は、決して素質のある子ばかりが集まったわけではありませんでした。稽古では〝自分たちは弱い〟ということを認識

明豊高校は学校法人別府大学により運営されている。剣道部は日々、別府大学の剣道場において剣を磨いている

させた上で、じゃあどうやって日本一になるかを考えさせました。やるからには一番を目指すというのが私のモットー。目標が低ければ成果をなし得ることはできません。自分自身を律して剣道を頑張っていくと決めたならば、必ず一番を目指す。過程のなかでは当然負けることもありますが、その反省を次の試合に活かすことが大切です。地道に、そして前向きに日々の稽古に取り組んできた結果が、最高のかたちで実を結びました」

生涯、日田高校で教職をまっとうしようと考えていた岩本監督だったが、翌年、県内屈指の進学校である大分舞鶴高校への異動が決まる。日田高校の剣道部員たちは部活動中心の高校生活を送っていたが、大分舞鶴高校ではそうはいかない。またイチから剣道部をつくり上げていくことになったわけだが、指導の根幹がぶれることはなかった。

「君たちは勉強を頑張ってこの学校に入ってきたのだから、勉強中心の高校生活を送ってもらって構わない。ただし、剣道部に所属するのであれば、一番を目指して頑張っていこう」

岩本監督は大分舞鶴の生徒たちにこう告げたという。ここで言う〝一番〟というのは、当然〝日本一〟のことである。無理は承知の上、しかし、与えられた環境のなかで一番を目指していくことこそ、人間的な成長をうながす上でも大事なことだという信念が、岩本監督にはあった。赴任当初は自身の考えと、生徒、保護者の間に溝があったというが、徐々にその溝も埋まり、日田高校では3年かかったインターハイ出場を、大分舞鶴ではわずか2年

日田高校を日本一へと導いたのは平成20年のこと。大分県勢としてのインターハイ制覇（団体）は約半世紀ぶりの快挙だった（上）。昨年、大きな話題をさらった創部１年目でのインターハイ出場。今年はさらなる活躍が期待される（左）

で達成した。

　ここで一つ重要なのは、岩本監督が生徒の努力のみに成長を任せなかったことである。自身も監督として、これまで以上に成長が必要だと感じた。どうすればもっと力をつけさせてあげられるのか。考え抜いた末に出た一つの答えが、現在の岩本指導法の核となっている「至短稽古」の理論である。

「剣道を頑張りたいけれど、どうしても満足に稽古の時間が取れない。これは高校剣道に限らず、多くの剣道愛好家が抱えている悩みだと思います。どのように稽古に取り組めば、より効率が上がり、満足感が得られるか。大分舞鶴に赴任した当初は、このことばかり考えていました。私の場合はありがたいことに、これまでの経験から全国の強豪校にパイプがありました。全国の強豪校に足を運び、稽古を分析して、自分なりの稽古法をつくり上げていきました」

「至短稽古」のポイントはいくつかあるが、一番大事になるのは「集中力」だと岩本監督は言う。限られた時間のなかで、どれだけ一つひとつの稽古に集中できるか。いくら潤沢に稽古時間を確保できても、集中できていなければ実《じつ》は上がらない。元立ちも掛かり手も集中力を途切らさず、合気になって稽古を行なうことで、稽古時間は短くても思うような成果が得られることに気づいた。

「3時間の気の抜けた稽古よりも、1時間の集中した稽古。部員の意識を高いところまで持っていくことができれば、必ず結果はついてくることを実感しました」

　岩本監督が率いた大分舞鶴高校は、3年連続でインターハイ出場を決めた。この結果が「至短稽古」から生まれたであろうことは、想像に難くない。

「強くならない方がおかしい」稀有な経験を糧にさらなる飛躍を

「自分なりに葛藤はありましたが、指導の現場を高校から大学へと移すことにしました。今度は大学生と一緒に日本一を目指そう、そう考えて別府大学にお世話になることを決めたのですが、結果、ふたたび高校剣道に携わることになりました」

　平成25年、岩本監督は高校教員を辞し、別府大学の職員となった。「剣道指導者として、もっと視野を広げていきたい」という欲求からだった。別府大学剣道部を率いて数年、九州でも指折りの実力を同剣道部が備えたところで、その時は突然訪れた。

「明豊高校は学校法人別府大学が運営しているのですが、明豊高校の校長から、高校剣道部を立ち上げてくれないかというお話をいただきました。高校指導の現場に戻ることはもうないと思っていたのですが、礼儀正しさや挨拶など〝武道〟を学校の柱として指導していきたいという校長の想いに共感するかたちで、その話をお受けすることにしました」

　剣道部創部まではもう一年もない。やると決めたからには一番を目指そうと、県内の力ある中学生を誘った。県外からも〝岩本監督が指導するなら〟と、優秀な中学生が集まってきた。わずか

8名ではあるが、少数精鋭の明豊高校剣道部は、こうしてスタートを切ったわけである。

そして昨年、その8名は早くも日本一を決める舞台に立つことになった。結果は予選リーグで涙を飲むことになったが、岩本監督はその結果に対し悲観的になることはなかった。当然と言えば当然である。まだ彼らは高校生になって4ヶ月しか経っていなかったのだから。

「『今やれることを精いっぱいやった。今回はそれでよしとしなければダメだ』と、子どもたちに伝えました。そして、この悔しさを一年後、二年後に花開かせようと。高校1年生でこれだけの経験を積めたことは、プラスになることはあっても、マイナスはありません。子どもたちもそのことが分かっていたようでした」

あれから一年が経ち、年度が変わって、現在の明豊高校剣道部

岩本総監督とともに指導にあたるのは、阿部剣征氏と間津俊亮氏。阿部氏は筑波大、間津氏は鹿屋体育大で剣道を学んできた本格派であり、岩本総監督をあらゆる面でサポートしている

明豊高校飛躍の一端を担っているのが、別府大学生との稽古だろう。お互いに負けたくないという気持ちが相乗効果を生み、稽古も自然と厳しいものになる

剣道部員が生活をともにする寮は、大学の敷地内にある。一日の稽古を振り返りながら剣道ノートをつける

は男女含めて20名と倍以上の人数になった。稽古にも活気が溢れている。

「1年生が入ってきて、自分の立場がどうなるか不安に感じている2年生もいると思います。でもそれが、切磋琢磨ということでしょう。まだ昨年は、同級生同士でのほほんとしている雰囲気がありました。今はそれが、良い意味でなくなってきていると思います」

岩本監督が部員に口酸っぱく伝えているのは、今、剣道に集中できる環境を与えられていることへの感謝である。

「私はよく〝四位《よんみ》一体〟と言っているのですが、最高の環境は、私一人の努力でつくり上げられるものではありません。指導者、生徒、保護者、そして学校や地域、それぞれが情熱をもって物事にあたることで、剣道に集中できる環境がつくられていくと思っています。今、明豊高校にはその〝最高の環境〟がある。少し横柄な言い方になりますが、強くならない方がおかしいのです。部員たちには早くそのことに気づいてもらって、剣道的にも人間的にも成長してもらいたいと思っています」

平成29年6月4日、明豊高校剣道部は2年連続となるインターハイへの切符を手にした。

「明豊高校の伝統は、これからつくり上げていかなければなりません。いずれは日本一になりたいし、それが今年なら言うことはありませんが、創部1年目でインターハイに出て、2年や3年で優勝なんて普通はありえない。ただ、日本一を目指せる環境であることは間違いありません。なんとか、一歩でも二歩でも日本一に近づいて、最終的には日本の剣道界を背負って立つような人間を育てていければと考えています。大きな話ですが、私はそこを求めて、これからも指導を続けていきたいと思います」

食事は大学の学食で摂る。厳しい稽古に耐えられる身体をつくるため、質、量ともに考えられた食事となっている

強くなるためには素直であれ
〝格好いい〟と言われる剣道を求めて

日本の剣道界を背負って立つ人間を育てていきたいという岩本監督。岩本監督の指導法について、「人間形成」の部分を中心にさらに深く話を訊いた。

＊

――岩本監督が、指導において一番重要だと考えていることについて教えてください。

「一番は人間性です。〝社会に有益な人材〟という表現をよくするのですが、たとえば剣道が強くても、それは本当に秀でた一握りの人間しか認めてもらえません。剣道の本質を理解した上で、これからの剣道界を背負って立てるような、人間性を兼ね備えた生徒を育成したいと考えています」

――人間性を育てていくために必要なことは？

「善悪の判断をしっかりできるようにすること。高校時代は正しいと思ったことを口に出して、自分の生きる道をちゃんと見つけることが大事だと思います。たとえば人が困っていたら助けてあげる。当たり前のことですが、そういう当たり前のことを当たり前にできる人間になってもらいたいですね」

――明豊高校の剣道部員は寮で生活をともにしていますが、寮生活も人間性を育てることに一役買っているでしょうか？

「もちろんです。日本一を目指すにあたっては、寮生活は絶対に必要だと私は考えています。泥臭く、一つひとつ積み上げて頂点を目指そうとした場合、ある程度時間を共有することは必須でしょう。みんなで支え合いながら目標に向かって頑張ったという証にもなります。親のありがたみも理解できるし、いろいろな部分で感謝の気持ちが芽生えてくるはずです」

――その考え方は、監督も高校、大学と寮生活を経てきた上で感じたことでしょうか？

「そうですね。私がＰＬ学園高校時代に日本一になれたのも、寮生活で学んだ部分が大きかったように思います。私生活のすべてを剣道の修行に置き換える。みんなで同じ釜の飯を食って、ともに喜び、ともに泣く。こんな経験は高校時代しかできません。今いる生徒たちにもそういった経験をしてもらって、明豊にきて良かったと思ってもらいたい。この経験が、将来いろんな場面で活躍できる、芯の通った人間をつくり出すのではないかと考えています」

――寮では毎日、剣道ノートを書かせているそうですね。

「剣道ノートは、稽古の振り返りとして非常に有効です。自分が誰とどうやって稽古をしたか、どんな失敗をしたか。そういったことを書き留めておくことで、改善点が浮き彫りになります。人間は忘れてしまう生き物ですから、書くという行為はとても有効だと思います。剣道以外の部分でも、文章を書くことは大学進学に必須です。私にとって文章を丁寧に書くということは、ゴミを拾ったり挨拶をするのと同じこと。人に見せるものだから、きっちりと書きなさいという指導をしています」

――強くなる人間、伸びる人間というのは、なにか違う部分がありますか？

「強くなるためには素直であること。そして、素直ななかでも自分の柱をきちっと持っていることが大事だと思います。人の意見を受け入れて、自分で噛み砕き、正しいと思うことはしっかりと実践する。おかしいと思うことがあれば、もう一度先生に聞いて理解するまで追い求める。そんな姿勢を示してくれる生徒には、こちらの指導にも自然と熱が入ります。寡黙に一生懸命やる生徒もいますし、なかなか自己表現ができない生徒もいますが、素直であることは強くなる人間に共通した素質であると思います」

――明豊高校の求めている剣道のかたちはありますか？

「私のなかで一つの基準としてあるのは、人に応援してもらえる姿勢を見せること。生徒には分かりやすく〝格好いいと言われる剣道を求めなさい〟と言っています。所作、仕草、学校生活、剣道に対する取り組み、すべてが格好いいと言われるようになれば、自然と応援してくれる人も増えてくるはずです」

――格好いい剣道とは、具体的にどのようなことを指しますか？

「〝格好いい〟とは、言い換えれば〝憧れ〟ということになるかと思います。社会的規律のなかで、礼儀正しさであったり、大きな声で挨拶ができたり、何事にも機敏に行動ができたり、こういう人間が憧れの対象になるのではないかと私が考えています。ただ剣道が強いだけではなく、人間的にも立派に成長すること。これが明豊高校剣道部の最終的な目標でもありますし、自分も生徒たちと一緒に、その目標を目指して進んでいきたいと思っています」

至短稽古＋α

少ない時間で〝実を上げる〟。達成感の積み重ねが本当の力になる

要所要所で精神統一の時間をつくり、集中力を高めて稽古に臨む

「至短稽古」とは、岩本監督が20年にわたる教員生活のなかで見出した。少ない時間で〝実を上げる〟稽古の方法である。日本一を目指す高校のどれもが、豊富な稽古量を確保できているわけではない。それぞれの学校にはそれぞれの事情があり、制約のなかで精いっぱいの稽古に励んでいるのが実情である。

「剣道は数多く竹刀を振ることで得るものがたくさんあります。そのための時間を確保してあげるのも指導者の役割だと思いますが、学業が最優先である高校生活において、稽古時間を捻出することは簡単ではありません。しかし、子どもたちには日本一を目指して部活動に励んでもらいたい。そのはざまで出た結論が、いかにして一回一回の稽古で実を上げるか、ということです」

稽古を充実したものにするためには、「どれだけ稽古に集中できているか」が大事だと岩本監督は言う。自分では集中しているつもりでも、気の抜けている時間は必ずできてしまうもの。その時間をいかにして潰していくか、ポイントとなるのは「元立ち」である。

「『元立ち』はただ打たせてあげるだけでなく、掛かり手と〝合気〟になることが重要です。元立ちと掛かり手が合気になって対峙することで、掛かり手として打突している時間も、元立ちとして打突を受けている時間も学ぶことができます。学ぶ時間が2倍になるわけですから、自然と一回の稽古がそれまでよりも濃く、充実したものになります」

集中して一本一本を大事に稽古することにより、その内容はこれまでと比べものにならないほど厳しくなる。しかし、厳しい稽古を乗り越えた先には、達成感や満足感がある。その積み重ねが、本当の力をつけることにつながっていく。

「明豊には剣道を頑張れる時間が充分にあります。現在は、至短稽古の内容を引き継いで密度の濃い稽古を実践しながら、さらに枝葉をつけた稽古法を模索しているところです。生徒たちには、24時間を剣道修行の時間と考えて行動させるようにしています」

素振り

〝大強速軽〟を意識し縁を切らずに最後まで打ち切る

明豊高校の素振りは、種類、量ともに他の強豪校で行なわれているものと大差はない。流れのなかで大きく違うところは、たとえば上下素振りを30本行なったあとに、前後左右の足さばきを取り入れていることだ。これはすべての種類の素振り後に行なわれている。

「素振り後の足さばきは、縁を切らないことを意識させるために取り入れています。打ちっ放しで終わるのではなく、最後までグッと気持ちを整える。足さばきを取り入れてから、生徒たちの素振りが一皮むけたと思っています」

技術的なところでは、構えたままの手の内でまっすぐ天井を突き刺すイメージで振りかぶることを心がけているそうだ。とくに、左手の小指が緩んで剣先が下がりすぎないよう、監督、コーチ陣が目を光らせていた。

「肩と肘を連係させて、振り切る瞬間に手首を利かせます。〝大強速軽〟を意識し、剣先を鳥の尾のようにはしらせていきます」

一本一本、全精力を込めて振り切る。最後まで縁を切らないことを意識する

足さばき

足腰の強化は最優先課題。剣道を学ぶための土台をつくる

「明豊高校の稽古は基礎基本が主となっています。生涯にわたって剣道を続けていけるような土台をつくる時期が、高校期であると思っています」

基礎基本のなかでも、岩本監督がとくに意識しているのが足腰の強化だ。足さばきの稽古は素振りと基本稽古のあいだに行なわれるが、かなりの時間を割いていた印象だ。高校剣道のなかで一流と呼ばれる選手はほとんどの場合、足がしっかりと鍛えられているという。足腰を鍛えることで同時に体幹も鍛えられ、中心のぶれない身体を手に入れることができる。

「足腰をつくるところからはじめるという過程は、剣道に限らず、どのスポーツにおいても同じです。現代の中学生の剣道は技が多彩で、勘に優れている子が多い。しかし、足腰が弱かったり、体幹が鍛えられていないという理由で、なかなか高校剣道になじめない選手も多いのが実情です。まずはどんなに厳しい稽古でも耐えることのできる強靱な足腰をつくること。その土台の上に自分のエッセンスを加え、基礎基本のしっかりした正しい剣道を実践していく。これが上達のための正しい順序だと思います」

明豊高校では、稽古時間以外にも週3回、朝のトレーニングとして階段ダッシュや、剣道の動きを取り入れた筋力トレーニングを実践している。

厳しい稽古に耐えうる土台をつくるため、足さばきの稽古はかなりの時間を割いて行なわれていた

基本打ち

追い込み形式で縁を切らず必ず一本になる打突力を身につける

基本打ちは「面打ち」「小手打ち」「胴打ち」「突き技」そして「引き技」とオーソドックスな流れで行なわれている。一つほかの学校と違うと思われるところは、二人一組で行なうのではなく、つねに追い込み形式で稽古をしていることだ。

「当然、二人一組で行なうのが剣道の基本であるとは思います。しかし、今の明豊高校には、追い込み形式で連続して打っていくことに意味があると感じているので、この形式をとっています。連続で打ち込んでいくことで縁が切れず、『また次、また次』と前へ攻める意識を保つことができます。打突後の体勢も、身体が崩れていては二の太刀、三の太刀は出ませんので、そういった意味でも効果はあると思っています」

基本打ちのなかで、岩本監督が選手の動きを注意深く見ているのが、肘の使い方だ。

「中学生と高校生の剣道の大きな違いは、一本の打突力だと思います。高校レベルでは、ただ打突部位に竹刀を当てるだけではなかなか一本にはなりません。相手が『参りました』と思うくらいの強い打突力が必要になります。肘関節と肩関節をうまく連動させ、肘を前に出しながら最後に手首を利かせて冴えを生む。打突動作ではとくにこの部分を意識させるようにしています」

基本打ちは追い込み形式で行なわれている。肘をうまく使って打突に冴えを生むこと、縁を切らないことを意識させている

追い込み稽古

打たれっぱなしで終わらせない。複数の元立ちに連続で打ち込む

元立ちを複数ならべて行なう追い込み稽古は、明豊高校の稽古のなかでもかなり特殊な部類に入る。基本打ちと同じく、縁を切らないことを意識して行なう

追い込み稽古は道場を縦に使用して行なわれている。通常、追い込み稽古というと前述した基本打ちのように、一人の元立ちに対して一人の掛かり手が連続して技を出していくのが基本だが、明豊高校では掛かり手以外がずらりと一列に並び、連続で技を出していく方式をとっている。

「この方式であれば、わずかなスペースでも数多く技を出すことが可能になります。広いスペースを使って足を鍛えることも大切ですが、縁を切らずに技を出し続けることも大事です。技を一本打ちでやめるのではなく、当たらなければ二の太刀、三の太刀と技を出し続ける。自分が苦しいところでもう一本打てるのかという部分を重要視しています」

「相手から打たれっぱなしで終わって休憩」が一番ダメだと岩本監督。応用パターンとして、元立ちの間隔をランダムにすることもあるという。掛かり手が自分の打ち間を意識して間合を調整し、確実に物打ちで打突部位をとらえるようにすると、より実戦的な追い込み稽古となる。

大学生との合同稽古

大学生に胸を借り頭と身体の両輪を働かせて学ぶ

明豊高校剣道部の大きな特徴と言えるのが、別府大学生との合同稽古である。高校の稽古途中から大学生が集まりはじめ、終盤は合同で基本稽古や追い込み稽古、掛かり稽古、地稽古などを行なっている。大学生が元に立ち、高校生が一心不乱にかかっていく姿がそこかしこで見られた。

「まだ合同稽古をはじめて一年と少しですが、大学生と稽古することの影響はものすごく大きいと感じています。大学生と高校生の剣道は若干違うところがあると納得しつつも、大学生の剣先の強さであったり、高校3年間を経た体幹の強さであったりという部分は、高校生も学ぶ部分が多いでしょう。見て学ぶだけでなく、実際に剣を交えることは、頭と身体の両輪を働かせて剣道を学ぶという点において、非常に身になっているはずです」

もちろん、大学生にとっても利点はある。高校生の展開の早さを体感することで、気の抜けている瞬間に気づくことができるそうだ。

「高校生の稽古を大学生が見学することもあります。自分の高校時代を振り返って、もっと頑張らなければいけないと反省する。高校生も大学生も負けず嫌いがそろっていますから、良い相乗効果が生まれていると思います」

明豊高校の剣道部員は別府大学生以外にも、大分県警の特練員や、岩本監督が館長を務める「光明館」の一般剣士と稽古をすることもある。小学生を指導する機会も与えるようにしている。

「ゆくゆくは剣道の指導者になってもらいたいという想いが私にはあります。小学生から全日本選手権に出るような剣士まで、稽古相手が豊富にいるのも、明豊高校が恵まれている部分であると思います」

本庄第一高校〔埼玉〕

〝相打ちの勝負〟を求めることが生涯剣道につながる道だと信じて

本庄第一高校剣道部は、一筋の廊下がスタートラインだった。女子校から共学へ、そして新興勢力から強豪校へとかたちを変えていくなかで、相川浩一監督の指導にも変化が生じていく。「行き着いたのは〝相打ちの勝負〟。合気で逃げないことにこだわっていきたい。そこに剣道の醍醐味があると、私は思っています」。宮城インターハイ男子団体で初の3位入賞を成し遂げ、いまなお進化する相川指導論を訊く——。

指導者と生徒が同じ目標を持ち〝学ぶ姿勢〟を持って稽古に取り組む

相川浩一

本庄第一高校監督

あいかわ・ひろかず／昭和40年生まれ、群馬県出身。前橋商業高校時代に群馬赤城国体に出場し優勝。日本体育大学を卒業し、群馬県の藤岡市教育委員会を経て、平成元年より本庄女子高校で教鞭を執るようになる。以来剣道部監督として、平成24年の全国高等学校選抜剣道大会優勝など、教え子を全国の舞台に導く。平成28年4月より、同校の校長職に就く。剣道教士七段

本庄女子高校剣道部　道場は校舎の廊下だった

本庄第一高校は埼玉県北西部、群馬県との県境にある。前身は「本庄女子高校」であり、平成5年、共学化にともない現在の名称となった。平成28年より本庄第一中学校も開校し、さらなる飛躍が期待される学校である。

剣道部はというと、平成元年に相川浩一監督が赴任してきてから部が立ち上がった。当時のことを相川監督はこう振り返る。

「赴任の挨拶で檀上から、『剣道をやりたい子がいれば1年生だけ募集します』と呼びかけました。最初の部員は5名。よしやるぞ、と思ったんですが……」

学校側から与えられた活動場所は体育館や武道館ではなく、校舎内の一筋の廊下だった。

「女子校なので武道館などの設備はありませんでした。外でやるか、もしくは廊下を使ってやるかということだったので、廊下でやろうと。最初はここで剣道が教えられるのだろうかという不安もありましたが、結果を残していけば、環境はそのうち整えられるのではないかという気持ちもありました」

廊下を縦に使った切り返しや追い込み稽古を繰り返す日々。最初は現実的な目標を追いかけていこうと、県北大会での優勝を掲げた。相川監督の熱い指導もあり、部員たちは徐々に力をつけていったが、県北には皆野高校という強豪がおり、なかなか目標を達成することができなかった。1年、2年と時間が経過していくなかで、学校が共学化されるという話しが持ち上がる。当然、相川監督にも、女子とともに男子も剣道部を、という話しがきた。

「私も指導者として、男子を育ててみたいという思いがありました。共学化が決定してからは、地域の中体連の先生方にご挨拶に行き、やる気のある子を預からせてもらいたいとお願いしました」

平成5年に共学化し、1期生から3期生が現在の剣道部の礎を築いた。平成8年からは体育コースでの募集が可能になり、さら

埼玉県北西部にある同校は、本庄女子高校を前身としている。剣道部はじまりの場所となった一筋の廊下は、現在も校舎のなかにある

に求めて剣道をやりたいという人材が集まってきた。そして3年後、ついに県総体を制し、インターハイに初出場を決める。相川監督が赴任してから10年と少し、この結果が早いか遅いかは人それぞれの感覚だろうが、相川監督にはこの10年、さまざまな思いがあったようだ。

「強化部になるまで8年。活動場所もないところから、やっとここまで、という感覚でした。女子バレーやソフトテニス、バドミントンなどが盛んな学校で、全国に出ている部活動も多い。剣道部は他の部活動よりも頑張っていると声高に訴えても、結果がすべてですから。だからこそ、このインターハイ出場は本庄第一高校剣道部にとって、とても大きな一歩でした」

一つ結果を出したことで、それまでの苦労が嘘のように結果が出続けるというのはよくある話である。本庄第一も、このインターハイ出場を契機として、埼玉で一、二を争う強豪校の地位を確

同校剣道部は相川監督を中心に、相川監督の恩師である師範の鈴木孝宏氏、女子監督の永久貴子氏、コーチの染野大介氏と草深将也氏が指導にあたっている。染野氏と草深氏は同校の卒業生でもある（写真は右から鈴木氏、永久氏、染野氏、草深氏）

立した。全国大会への出場も増え、埼玉の高校剣道といえば本庄第一だと全国の強豪も認識するようになっていった。

「私の基準が変わったと思います。インターハイに出るまでは、どうやって県大会に勝つかばかりを考えていました。インターハイに出てからは、今度はどうやってインターハイで勝ち抜いていくかが課題になりました。学校の名前が売れてきて、いろんなところに試合や遠征に行かせていただけるようになったのも、この時期からです」

このころ、相川監督にとって指導者人生の一つのターニングポイントになった出来事があった。それは平成16年の埼玉国体である。本庄第一は強化指定校に選ばれ、相川監督はコーチとして携わることになった。本庄第一からも選手が選ばれ、チームが一丸となって国体優勝を果たす。相川監督にとっては、指導者としてはじめて経験する全国制覇の味だった。

「国体での優勝をきっかけとして、自分の指導に自信を持つことができました。こういう鍛え方をしていけば、いつか必ず全国優勝にたどりつけるはず、そういう気持ちになりました」

全国優勝への階段を、一歩一歩、着実にあがっていった本庄第一高校剣道部。ついにそのときが訪れたのは、平成24年の全国高校選抜大会だった。予選リーグを勝ち上がった本庄第一は、麗澤

現在、同校剣道部は男女合わせて36名の部員が厳しい稽古に取り組んでいる。昨年より中学校が併設され、中学生も道場「響生館」で高校生とともに稽古に励む。地域の少年指導もこの道場で行なわれている

〝相打ちの勝負〟を求めて激しい稽古に取り組む

瑞浪（岐阜）、ＰＬ学園（大阪）、島原（長崎）、そして九州学院（熊本）といった全国で知らぬものはいない名門校を次々に倒し、頂点を極めた。この優勝は、埼玉県としても初の全国優勝だった。

「なにごともこだわってやっていけば、かならず結果はついてくるということを、私も部員たちも感じられた、そんな大会だったかなと思います。本庄第一高校剣道部は、部旗に〝魂〟という一字を掲げているのですが、この意味は、魂を込めているものとそうでないものでは、自ずと結果が変わってくるということです。稽古はもちろん、雑巾掛け一つとっても、魂を込めて行なう。この積み重ねが、全国制覇に結びついたのではないかと感じています」

量から質への変化 〝相打ちの勝負〟を求める

「女子高時代は無茶な練習をしていました。たとえば校内合宿では、体育館が使えるようになるのはバレー部の活動が終わる午後9時から。それまでは部員たちを寝かせておいて、夜中の2時くらいまで練習することもありました。当時の私は、とにかく稽古は時間と数だという考え方でした。視野が狭かったのでしょう（苦笑）」

30年におよぶ指導者人生のなかで、相川監督の指導法にも徐々に変化が生じていった。それは当然のことだろう。

「私のなかで、一つ指導の転換を図ったのは、はじめてインターハイに出場した平成10年のことでした。前年度、埼玉栄高校がインターハイで入賞を果たしており、私の頭のなかは埼玉栄に勝つことだけでいっぱいの状態。それでは県予選を突破することはできても、全国で勝ち上がっていくことはできないと痛感させられた大会でした」

あるとき、兵庫の育英高校で監督を務める飯田良平氏から、グサリと胸に刺さる言葉をもらった。

「インターハイに一回でも出られたのであれば、県予選は勝ち続けられるようになる。もしそれができないのなら、お前の監督としての力量がないんだ」

飯田監督の真意はこうだ。インターハイの舞台を経験し、監督の目線が県予選を勝つことからインターハイで勝つことに変化していれば、自ずと稽古も厳しいものになる。そうなれば、県を突破することは以前よりも容易になるはずだと。

「飯田先生は、県レベルで優勝して満足することなく、指導者がもっと勉強をしていかなければならないということ教えてくれました」

この経験を経て、相川監督は当時、全国を席巻していた阿蘇高校や西大寺高校など稽古や試合を研究するようになっていく。研究の結論は〝スピードと手数〟だった。

「昔はスピードと手数で相手を圧倒する剣道を求めていました。結果もついてきていましたし、これでいいんだという感覚でした。それから高輪高校のような、いわゆる大人が求める質の良い剣道というものが高校剣道でも主流になり、私も徐々にそちらにシフトしていきました」

フェイントの掛け合いや騙し合いをいくらしても、経験値を持った名門校には勝てない。ならば、もっともっとシンプルな剣道を追求していこうと、剣道の〝質〟を求める稽古へと変化してい

生徒に学ぶ姿勢を植えつけるため、定期的に道場内で勉強を行なう。指導者も一緒になって取り組む

剣道部員は男女ともに寮生活であり、炊事洗濯をするなかで自立心を養っている

った。

「もちろん、勝つことを諦めたわけではありません。シンプルな剣道で、なおかつ勝ちを求めていく。そうなったときに、一番身につけなければならないと思ったのが、相手の起こりを打つことです。相手がフェイントをかけてきた瞬間に相打ちで勝負する。この考えが、今の私の指導の原点になっています」

実際に、現在の本庄第一の稽古を見てみると、切り返しや打ち込み、追い込みなど、いたってシンプルな内容に終始している。そのなかで、一つ特徴を挙げるとするならば、それは相打ちの練習である。

「相打ちの面や小手など、相打ちになったときにいかに自分の技を一本にするか、ということを考えて稽古をしています。私の経験から、拮抗した勝負になったとき、最後に明暗を分けるのは相打ちだと思っています。どんな強い相手と戦っても、チャンスがあるのが相打ちです。今の高校剣道は、一方が絶対に打たせないような剣道をしようとしたら、ほとんどの場合引き分けに終わってしまうでしょう。ただ、相手が一本でも打とうとしてきたら、そこには相打ちの機会が生まれる。私はそこを求めていきたいですし、指導していきたいと思っています」

シンプルを求めていけば、それは個性とは真逆のイメージがあるが、今の本庄第一高校剣道部は、そのシンプルな剣道が個性として確立しつつある。夏に行なわれた宮城インターハイにおいても、本庄第一の選手は相川監督に指導された手元を上げない、相打ちを求める剣道を徹底し、同校としては初となる男子での3位入賞を果たした。

「試合が終わった後、選手には〝良い試合だったぞ。面白かったな、楽しかったな〟という言葉をかけました。剣道における面白さや楽しさは、相手と合気になってやりとりをするなかで生まれてくると思います。年齢を重ねて運動能力が落ちて、若い人にただ打たれるだけになってしまうようであれば、みんな剣道を辞めてしまうでしょう。剣道はそうではありません。本質的には、剣道はいつまで経っても楽しいものでなければならない、私はそう思っていますし、そんな剣道をいつまでも実践してもらえるような指導をしているつもりです」

勉強ができるようになる姿勢と剣道が強くなる姿勢は同じである

現在、相川監督は同校の校長職にある。「剣道が強くなるには、人間として成長しなければならない」と語る相川監督に、「人を育てる」ことをテーマとして話を訊いた。

＊

――相川監督が、指導において一番重きを置いていることについて教えてください。

「私が生徒を勧誘する際に必ず伝えるのは、剣道だけやっていればいい学校ではないということです。私の信念は、まず学校生活を第一に考える。学生の本分である学業をきちんとやってから、その上で剣道を学ぶということですね。いくら剣道が強くても、授業中に寝ていたり、学校生活がいい加減な生徒は許しません」

——全国優勝を狙う学校のほとんどは、部活動が第一優先になりがちですが、本庄第一はそうではない。

「はい。たとえば期末テストの前には、道場に畳をひいて机を用意して、勉強の時間を設けるようにしています。このときに大事なのは、『勉強をしておけ！』ではなくて、教師も一緒になって取り組むこと。剣道を職業にできる人間は限られています。ほとんどは一般の職に就くわけですから、その素地を高校時代に養っておくことは、剣道を一生懸命やることよりも大事だと思っています」

——もっと稽古をしたいという生徒もでてきませんか？

「求めて剣道ができる生徒は、学校生活も人一倍頑張っているというのが私の持論です。勉強ができるようになる姿勢と、剣道が強くなる姿勢は同じだと思います。たとえば、この道場で1時間稽古をしたとして、強くなる子とそうではない子は絶対に出てきます。同じ稽古をしているのに、です。その差は〝姿勢〟でしょう。50分同じ授業を受けて、100点をとる子もいれば0点をとる子もいる、これが現実です。学ぼうとする姿勢をいかにつくれるかが、指導者の一番大事なところではないかと思っています」

——学ぶ姿勢をつくることが、全国制覇にもつながってくるということでしょうか？

「私が懇意にさせていただいている、阿蘇高校の泉先生や西大寺高校の桜間先生など、名将と言われる先生方の指導はなにが違うのか考えたことがあります。稽古も拝見させていただきましたが、生徒に向けて言うことはほとんど一緒です。ではなにが彼らを日本一に導くのか、それはやはり子どもたち自身の姿勢です。これは

夏に行なわれた宮城インターハイにおいて、同校男子剣道部としては初となる3位入賞を果たした

容易なことではありませんが、我々指導者が率先していろいろなことに取り組む姿勢を見せておくことも大切だと思います」

――指導者も学ぶ姿勢を持つ。

「私は校長として、職場から信頼されなければなにも勝ち得ていかないし、もし勝ったとしても評価されないよ、という話を若い先生方によくします。私は剣道部を良くしていくために、職場で信頼を勝ち取るんだという気持ちをつねに持っていました。仕事をきっちりとしていれば、〝相川が頑張っているんだから〟と応援してくれるようになります」

――部員に学ぶ姿勢を植えつけるために行なっていることは？

「これは始業式で生徒全員に話したことなのですが、夏の甲子園で埼玉県代表の花咲徳栄高校が優勝しました。埼玉県勢としては初のことです。そのニュースを聞いたときに、多くの人はうらやましいと思うかも知れない。でも考えてほしいのは、人がうらやむ成果を達成するためには、その裏に人が嫌がる努力や苦労が絶対にあるということ。そこにチャレンジできなければ、華やかな結果を手にすることはできないと伝えました。誰だって厳しい稽古はイヤなものです。でもそこを乗り越えることができたならば、社会に出ても頑張ることができるでしょう。私はつねづね、部員にこういった言葉を投げかけるようにしています」

――学ぶ姿勢を身につければ、自然と厳しい稽古を求めていけるようになる。

「私がいつも思うのは、優しい指導者は残酷だということです。優しくて人当たりが良い、でも勝てない、これでは子どもたちに失礼でしょう。どれだけ厳しい稽古を課しても、目標を達成していったり、目標とするところにきちんと近づけてあげられる指導者が、本当の意味での優しい指導者だと私は考えています。指導者と子どもたちの気持ちが一致していれば、かならず人間的にも剣道的にも成長していける、私はそう思っています」

〝相打ちの勝負〟

合気になった瞬間に逃げない 取られないではなく、取る剣道にこだわる

近年は試合のなかで起こりうるさまざまな場面を想定し、そのときにどう対処をするかといった細かい稽古をする学校も増えているが、本庄第一ではそういった稽古をほとんどやっていない。基本的には切り返しにはじまり切り返しに終わるオーソドックス

面の相打ち、小手の相打ちなど、相打ちの稽古を徹底的に繰り返す

な稽古を繰り返しているが、そのなかで一つ芯としてとおっているのが〝相打ちの勝負〟である。

「昔はフェイントを入れて打ったり、スピードに頼った剣道をしていましたが、今は相手と〝合気〟になることを稽古内で意識させるようにしています。今時の学生は、中学時代に散々フェイントを使った技は習得してきています。私が高校剣道で教えたいのはそこではなくて、もっと剣道の本質に近い部分。お互いの気があったところでの勝負です。全国大会を見ていても、合気になったときに手元を上げて防御姿勢に入る選手が多いですが、そこで本庄第一は手元を上げずに勝負する。合気で逃げないことですね。ここに剣道の本質があると私は考えています」

稽古では時間を限定して、面や小手の相打ちを繰り返し行なう。相打ちでありながら、自分は一本になり、相手は一本にならないという打突が、相川監督の求めるところだ。

「合気から逃げてしまうと、剣道というくくりのなかで、できることよりもできないことの方が多くなってしまうような気がするんです。剣道は一本をとらなければ勝負がつきません。であるならば、とられない稽古を積み重ねるよりも、自分からとりにいく稽古を実践した方が、将来につながる〝良い剣道〟を身につけられると思います」

お互いが構えあったところからだけでなく、合気は勝負のなかでさまざまな場面で訪れる。その場面を意図的につくり出すことが大切だという相川監督。

「高校剣道から脱皮できず、大人になって昇段審査で苦労したり、運動能力に頼ってきたがゆえに衰えとともに剣道をやめてしまう人をよく見ます。私はこの3年間で、子どもたちに生涯通用する剣道を身につけさせてあげたい。そのためにも〝相打ちの勝負〟を徹底的に稽古させて、シンプルでありながら強い剣道を肌で感じ取ってもらいたいと考えています」

基本打ち

相打ちで勝てる打突を稽古する 打突後は三歩だけ素早く抜けるイメージを持つ

基本打ちは「面打ち」「小手打ち」「胴打ち」と続いていく。面打ちの稽古前に相川監督が生徒たちに伝えていたのは、相手との関係を意識することだ。

「基本打ちというと、どうしてもフォームを意識した、実戦から少し離れた稽古になりがちです。もちろんフォームを固めることは大事ですが、短い稽古時間のなかで意識しなければならないのは、実際に試合で使える打突でしょう。掛かり手はどんな機会でどんな打ち方をするのか考え、元立ちもただ打たせるだけではなく、しっかりと気持ちを作っておくことが大事です」

小手打ちで意識させているのは、やはり〝相打ち〟だ。刃筋の通らない横からの打突は厳禁。かならず竹刀を上下に振り、部位をとらえることをポイントにしている。

「小手の相打ちを意識したときに、どうしたら旗が上がるか。たとえば横からの打突と上からの打突を比べた場合に、旗が上がるのは上からの打突です。当たり前のことですが、意識をしていないと当てるだけの打突になりがちなので、ここはかならず意識させるようにしています」

胴打ちも面打ちと同じく、心がけなければならないのは実戦との関係だ。通常、基本打ちで行なわれる胴打ちは、元立ちが竹刀を振り上げたところに胴を打っていくが、相川監督はその前の攻めを大切にするよう指導していた。自分から攻め、どのようにして相手の手元を上げさせるか。自分がどんな胴技を出したいかをイメージし、その技につながるような攻めを考えることが実戦に活きるという。

そして、どの基本打ちにもつながるポイントとして意識させていたのが、打突後の抜けである。相川監督の言葉を借りれば「三歩だけ小さく速く抜けること」。これを実戦することで、自分は体勢を崩さず、相手の後打ちも防ぎながら、ふたたび構え直して勝負することができる。

かならず攻めを入れ、相手との関係を意識しながら打突することを指導(上)。小手打ちは当てるだけでなく、竹刀を上下に振って打つ(中)。胴打ちは自分がどんな技を出したいかイメージし、そこにつながるような攻めを考えさせる(下)

つばぜり合いからの相打ち勝負

自分が打ちやすい間合を残して追い込み相手が打ってくる瞬間を狙う

相手が打つ瞬間に避けるのではなく、かならずなにかを狙って技を出していく

本庄第一の稽古のなかで、数少ないパターン練習と言えるのが、このつばぜり合いからの相打ち勝負だろう。掛かり手が引き技を打ち、元立ちがそこを追い込んでいく。合気になった瞬間、お互いが技を出して相打ちの勝ちを求めていく。

「注意しなければならないのは追い込み方です。間合が詰まってしまうと打突が一本にはならないので、自分が打ちやすい間合を残しておくことが大切です。追い込む方も追い込まれる方も、両方が一本になるような打突を繰り出すように意識させています」

稽古では、追い込んで合気になった瞬間、片方は面、片方は小手といったように、違う技を出す場面も多々見られた。

「相打ちは面と面だけではありません。面と小手でも、面と胴でもよいと言っています。大事なのは、相手が打つ瞬間に避けて対処するのではなくて、かならずなにか狙って技を出すこと。これができるようになれば、一本をとるチャンスが格段に多くなるはずです」

追い込み稽古

ぶれない体幹をつくり。足の使い方や俊敏さを身につける

追い込み稽古で足をつくり、俊敏さをやしなう

取材当日の稽古の仕上げは、道場を縦に使った追い込み稽古。大きく面の追い込みにはじまり、面体当たりから小さく面を連続で打っていくものや、小手面、引き技などが行なわれていた。稽古の最終段階ということもあり、部員たちの体力も少なくなってきたところでの追い込み稽古とあって、そこかしこから荒い息遣いが聞こえてきた。

「追い込み稽古はどの学校でも行なっていることだと思いますが、とくに高校生にとっては必要な稽古法だと思います。男子は身体も充実してくる年齢であり、数を掛けてやることが大事ですが、女子はそもそも男子に比べて俊敏さが足りません。本庄第一では追い込み稽古で足をつくり、追い込み稽古であっても実戦につながるような打突を求めることを部員に課しています」

高千穂高校〔宮崎〕

第64回全国高等学校剣道大会（インターハイ）男子団体の部において、26年ぶりの優勝を果たした高千穂高校。これまで剣道の超名門校として数々の有名選手を世に送り出してきた同校は、いかにして復活を遂げたのか。そのキーマンである野口貴志監督のインタビューを中心に、現在実践されている高千穂高校剣道部の稽古と卒業生が築いた伝統を紹介する――。

練習量に裏打ちされた土台
土台があるからこそ自主性が育つ

高千穂高校監督
野口貴志

のぐち・たけし／昭和56年生まれ、長崎県出身。三井楽中学校2年時に全国中学校大会で個人優勝、長崎南山高校ではインターハイ団体2位などの輝かしい実績を残す。中央大学4年時に全日本学生選手権でふたたび個人日本一に。卒業後は郷里長崎で教職に就き、平成17年より高千穂高校で教鞭を執る

名門
高千穂高校剣道部

　高千穂高校の歴史は長い。開校は大正6年のこと。西臼杵郡立乙種農学校として産声をあげた。高千穂農学校から高千穂実業学校、そしてふたたび高千穂農学校と改称し、現在の高千穂高校という名称に収まったのは昭和23年。昭和32年には、玉竜旗の前身である西日本高校剣道大会で優勝を果たし、早くも剣道界に名を馳せている。

高千穂高校は、日本を代表する景勝地の一つである高千穂峡からすぐ近くのところにある。高千穂は剣道の町としても、全国に名を馳せている

　高千穂高校がさらなる飛躍を遂げたのは、故・吉本政美監督が同校に赴任してから。吉本監督にフォーカスをあて、高千穂高校剣道部の一年間を追った映像『だいこんに花が咲いた』はあまりにも有名だが、吉本監督の苛烈でありながら人間味溢れる指導により、同校は昭和61年、ついにインターハイで男女ともに優勝を手にする快挙を成し遂げた。男子は平成3年にインターハイで二度目の頂点に立ち、高校剣道界において〝高千穂〟の名は不動のものとなった。

　平成7年、吉本監督の異動により後任を引き継いだのは佐伯浩美監督だった。佐伯監督は吉本前監督に負けず劣らずの厳しく熱い指導で剣道部を牽引。とくに女子部で輝かしい実績をあげ、平成9年にインターハイを制覇。平成15年に三度目の日本一を成し遂げると、平成16年にはインターハイ、高校選抜、玉竜旗、国体と主要大会をすべて優勝する偉業を達成。このときの強さは今でも語りぐさになっているほどである。

　その翌年、佐伯監督の後任候補として同校に赴任したのが、現監督の野口貴志氏である。吉本氏も佐伯氏も高千穂のＯＢであったが、野口氏は長崎県の長崎南山高校出身。三井楽中学校時代に個人日本一、長崎南山高校ではインターハイ団体2位と日本一には届かなかったが、中央大学でふたたび個人日本一となった、トップレベルの剣士である。大学卒業後、長崎県で講師を務めていたが、縁あって宮崎県の教員採用試験に合格。最初の赴任校が、この高千穂高校だった。赴任当初は佐伯監督のもと、おもに女子監督を務めていたが、佐伯氏が平成25年をもって異動となり、以降は監督として男女の指導にあたっている。

　野口監督就任以降、インターハイ、高校選抜、玉竜旗といわゆる3冠と呼ばれる大会で上位には進出するものの、優勝までは手が届かなかった同校。しかし、今年度の玉竜旗で決勝進出を果たすと、宮城県で行なわれた第64回全国高等学校剣道大会（インターハイ）において、激戦を制し、26年ぶりとなる優勝の栄冠を手にした。

学校の正面には、創立100周年と剣道部の日本一を祝う垂れ幕が掲げられていた

道場にはこれまでの輝かしい戦績がところ狭しとならんでいた

伝統の重みが後押ししてくれた 26年ぶりのインターハイ制覇

——新チームになってからインターハイを優勝するまでの軌跡をたどっていきたいのですが、新チームのスタートは良いかたちで切れたのでしょうか？

野口　スタートは良かったと思います。新チーム初の大会は8月に岡山で開催された宮本武蔵顕彰高校大会だったのですが、そのときは国体関係で清家選手が抜けていたにも関わらず、優勝することができました。前チームから何名か残るかたちでしたし、9月の鹿屋杯も優勝できたので、新チームは力があると確認できました。

——新チームのメンバーは、入学当時から日本一を意識できるような素質を見せていたのでしょうか？

野口　いえ、1年生のころは、まだそこまでの力があるとは言えませんでした。中学時代に全国の舞台で活躍をしていたのは清家選手くらいで、あとは県レベル。ただ、持っているものは悪くなかったので、稽古を積んでいけばいずれは活躍してくれるだろうという期待の持てる子たちでした。

——高校選抜までの道のりは順調でしたか？

野口　選抜予選で一つのヤマがありました。宮崎県はまず4校リーグを行ない、その1位同士が出場権をかけて戦うという図式なのですが、リーグ戦で都城東に負けてしまい、危うくリーグ突破を逃しそうになる場面がありました。新チームになってからほとんど負けることなくここまできていたため、その敗戦を見て〝このチームはまだスカスカだ〟と感じました。生徒たちにも、自分たちは強いんだという驕りがあったのかもしれません。結果、高校選抜への出場権は獲得することができましたが、本戦では育英に代表戦で負けてしまいました。

——期待していただけに、残念な結果だった。

野口　そうですね。高校選抜のあとにすぐ魁星旗があったのですが、ここでは水戸葵陵に負けてしまいました。あのとき、清家選手は39度くらいの発熱があって、私にそのことを隠して戦っていました。試合後にそのことを打ち明けられて、これはもうメチャクチャだなと。大事な試合を前にして体調も整えられない。監督としての未熟さを痛感した出来事でもありました。

——春の大会を終えて、そこからインターハイ予選まではどのようにして立て直しをはかったのでしょうか？

野口　魁星旗を終えて、イチからやり直そうと気持ちを切り替えました。結果がでなかったのは力がなかったから。力をつけるには、やっぱり稽古しかありません。新入生も入ってきてバタバタとする時期でしたが、結果が出なかったからといって指導がぶれることがなく、ただやらなければいけないことを淡々と積み重ねていった感じです。

——上り調子で県予選を迎えることができた？

野口　力がついてきている実感はあったのですが、県予選では選抜予選と同じ失敗を繰り返してしまいました。宮崎日大に勝ったあとに、宮崎北に清家選手が打たれて逆転負け。宮崎北との試合は、どの選手も萎縮してしまっていたように感じました。最後は都城東に勝たなければならない状況だったのですが、試合前から清家選手が涙を流して

インターハイ男子団体決勝、島原高校（長崎）との対戦は代表戦までもつれ込む大接戦となったが、最後は大将の清家選手が鮮やかに面を決めて優勝を果たした（上）。26年ぶりのインターハイ男子団体制覇を達成し、歓喜に沸く高千穂陣営（下）

いて、彼なりにチームに迷惑をかけたという申し訳なさがあったのでしょう。ただそのとき、私は清家選手に声をかけることなく、彼とチームの仲間にすべてを任せることにしました。清家選手の心が不安定になっているところをチーム全員で支えて都城東に勝利したのですが、この一戦で、このチームは一皮むけたと感じました。

——玉竜旗では、九州学院に敗れはしましたが、決勝まで進出することができました。

野口　玉竜旗は、次鋒を務めた古澤選手の成長が一番のポイントだったと思います。彼はそれまでチームの足を引っ張ることが多く、玉竜旗でも交代を視野に入れながらの起用でした。しかし、私の思いをよそに試合を重ねるごとに強くなっていき、先鋒の石本選手とともに、必ずリードを保って後衛陣にバトンを渡してく

コーチを務める、佐伯浩美前監督の実子である佐伯太郎氏

新道場は平成20年に落成。試合場を４面とれるほどの広さがある

れました。

――かなり手応えを感じることのできる大会になったのではないでしょうか？

野口　不安と手応えが半々という感じです。思ったよりも反響が大きく、多くの方々から〝おめでとう〟という言葉をいただいたのですが、私のなかでは負けたことへの悔しさが勝っていて、まったく満足はできませんでした。生徒たちも同じ気持ちだったと思います。

――悔しさを抱えてインターハイに臨んだ。

野口　今回は玉竜旗からインターハイまで一週間空いていました。連戦の疲れも見えたので、少し休ませることも考えたのですが、OBの先輩方が何名も高千穂に足を運んで激励してくださり、休まずしっかりと稽古をしてインターハイに臨むことにしました。生徒たちも多くの方々に応援をしてもらっていることを理解して、気を抜くことなくインターハイに迎えたと思います。

旧道場も学校の敷地内に残されている。この道場から数々の名選手が誕生した

野口監督が稽古で使用する甲手には、分厚い革が張られていた。打たせて導く指導を心がけている

――インターハイの初日には、男子個人戦で林選手が50分以上に及ぶ激闘を繰り広げ、異例の引き分け再試合となる場面もありました。

野口　林選手の試合がはじまるとき、私は清家選手についていたため、監督席に座ることができませんでした。林選手がきつそうにしているのは分かりましたが、ここまで戦ったのなら勝って欲しいと願っていました。

――林選手の引き分け再試合は、団体戦にも影響を及ぼしましたか？

野口　ないといえば嘘になります。結果、林選手が勝ったのは決勝戦だけですから。ただ、林選手が疲れている分、他の選手が助けてあげようと、チームが一致団結した雰囲気がありました。

――連覇をしていた九州学院が水戸葵陵の前に敗れ、決勝は島原との対戦になりました。

野口　島原とは練習試合でも必ずと言っていいほど大将戦までもつれていました。あの日は志築選手が素晴らしい試合をみせていたので、大将戦になることは想定内でした。リードして大将戦を迎えることができましたが、清家選手が一本負け。ただ、その負け方も真っ向勝負をした上での敗戦だったので、代表戦はチャンスがあると思っていました。最後は清家選手が、それまで見たこともないような一本を決めてくれました」

――男子団体での優勝は26年ぶりになります。当時との比較は難しいとは思いますが、今回、日本一にたどりつくことが出来た理由を、野口監督はどこにあると思いますか？

野口　26年は本当に長い。その間、日本一には手が届かなかったわけですが、剣道界から〝高千穂〟という名は消えることがありませんでした。ここに、伝統の重みを感じます。この伝統をつないできたのは、生徒や指導者、そして支えてくれたまわりの方々。その思いが、今回の優勝を後押ししてくれたように私は感じています」

人間としての生き方が試合という短い時間に凝縮される

――高千穂高校剣道部の一日について教えて下さい。

野口　寮生は5時50分の点呼を終えて6時過ぎには道場に集合します。6時半から1時間ほど朝稽古、もしくはトレーニングをして、授業へと向かいます。曜日によって若干の違いはありますが、授業はだいたい15時半に終了するので、それから2時間～3時間稽古をして、19時には終えるようにしています。

――稽古内容は？

野口　内容も時期によって大きく変わるのですが、試合シーズンに入る前は、足さばきを重点的に稽古するようにしています。そのほかは、素振りや追い込み、技の練習、地稽古、掛かり稽古ととてもオーソドックスなものだと思います。

――高千穂ならではの特徴のようなものはありますか？

野口　特徴と言えるかどうかは分かりませんが、道場が広いので、つねに足を使うことは心がけさせています。あとは、稽古の順番を入れ替えることで、集中力が途切れないような工夫はしています。

――野口監督が指導を行なう上でポイントとしていることがあれば教えて下さい。

野口　心がけているのは、道場のなかだけでなく、生徒たちの学校生活全般を見てあげることです。道場のなかで一生懸命やらない生徒はいません。どこで差がでるかといえば、授業の態度や普段の生活。そこまで見てあげることでやっと、生徒のことが理解できると思っています。

――授業態度や生活態度は剣道の強さにつながってくるのでしょうか？

野口　いい加減な性格であれば、稽古もいい加減になります。授業中に寝ているような生徒は集中力が足りないわけですから、延長に入ったときに必ず打たれます。反対に、こちらが指示したことをすぐにできる生徒は、いつどこで使ってもしっかりと力を発揮できる。人間としての生き方やその人の持つ性格が、試合という短い時間に凝縮されると私は考えています。

——心の部分を指導していく。

野口　わずか三年間で性格まで手を加えるのはとても難しいと思います。ですから、それぞれ持っている性格を否定するのではなくて、そのなかから良いところを見つけて成長させていければと思っています。

——野口監督が生徒を叱るのはどのような場面が多いですか？

野口　生活面で叱ることが多いです。時間が守れない、整理整頓ができない、協調性がないなど、そんな部分が見えたら注意するようにしています。

——スポーツの世界では叱るよりも褒めて伸ばす指導が多くなってきていると聞きますが、野口監督はどちらのタイプでしょう？

野口　どちらとも言えません。ダメなものはダメと叱る場面も多くあります。良いときでも叱ることもありますし、ダメなときでも褒めることもあります。叱られて伸びるタイプと、褒めて伸びるタイプがいると思うので、そこはしっかりと生徒を見てあげるなかで、ここというときに叱ったり褒めたりするようにしています。とはいっても褒めることの方が少ないので、よく生徒には冷たいと言われますが（笑）。

——率直に聞きますが、オーソドックスな稽古を重ねるだけで日本一にたどりつけると思いますか？

野口　そうは思いませんが、かといって目新しいことばかりをやるのも好ましくありません。剣道はやはり基本が大事ですから、基本の習得のためにオーソドックスな稽古を積み重ねることは必ず必要になると思います。高千穂高校の練習量は他校に比べても多い方だと思うので、しっかりと基本を身につけられると思っています。

朝稽古前に炊いておいた白米を、稽古後や昼休みに食べる（上）。寮生活は部員にとってやすらぎのひととき。そこかしこで談笑する姿が見られた（下）

――基本を身につけることが、日本一にもつながってくる？

野口　本音を言えば、目新しい稽古法を思いつく発想力が私にはありません（笑）。そこで量に頼ってしまうわけですが、稽古の質を高めていくためにはある程度の量をこなして、剣道をする土台をつくりあげることが大事だと思います。〝自主性〟の重要性がよく言われますが、私の考えでは、自主性というのは基本という土台の上に成り立つものだと思います。基本が身についているからこそ、あんな技を覚えたいとか、少し打ち方を変えてみようという部分が出てくる。基本をおろそかにしてその部分に手を出しても強くなれるとは思えません。

――基本という土台の上に自主性が育つ。

野口　そうですね。考えなくただ身体を動かしていても強くはなれませんから、まずは自主性を持って稽古ができるところまで、みっちりと稽古を積ませたいと考えています。私が足さばきを重要視しているのも、足がすべての土台となるからです。高校時代に基本を身につけておけば、大人になっても剣道を長く続けられると思います。

――野口監督の思う、高千穂らしい剣道とはどのような剣道でしょうか？

野口　私は自分が高千穂の卒業生ではないので、あまり大層なことを言える立場ではありませんが、私が知っている高千穂らしさとは、〝粘り強さ〟であり〝勝負強さ〟です。その〝らしさ〟は精神的な部分が大事になるので、先ほども言った生活面や人間としての生き方を指導することで、生徒たちの心を育てていきたいと思っています。

――今後の目標を教えて下さい。

野口　日本一です。今回の優勝を引きずることなく、また日本一に向かってやるべきことを積み重ねていこうと思います。

足さばき

重心の位置を意識して体幹がぶれないように身体を運ぶ

高千穂高校では、とくに新チーム始動時から試合シーズンに向けて、足さばきの稽古を重点的に行ないます。

私が学生の時代は、追い込み稽古と掛かり稽古で足を鍛えていましたが、今はどの高校も足さばきの時間をしっかりととって鍛え上げているようです。高千穂高校でも、足さばきの稽古をすることで、剣道を学んでいくための土台をつくりあげていきます。

左足のみで行なうすり足。重心を身体の真ん中に置くことを意識する

足さばきの稽古のバリエーションは何種類もありますが、すべてに共通して生徒に意識させていることは、重心の位置です。素早く動こうとすれば、どうしても身体が前傾、あるいは後傾してしまいます。しかし、そんな状態ではいざというとき、瞬時に技を出すことができません。いついかなるときも、重心を身体の真ん中に置くことを意識するよう心がけさせています。

剣道で重要とされる左足を意識させる一つの方法として、左足のみのすり足や、その状態で面を打っていく足さばきの稽古も実践しています。このときも、身体が猫背にならず、背筋を伸ばして打つことを意識させています。

◆**稽古例**

前進の足さばき

前進後退の足さばき

引き技の足さばき

振り返りを意識した足さばき

左足のみですり足

左足のみですり足をしながら面を打つ

前進後退左右の足さばき

素早く行なう前進後退左右の足さばき

追い込み稽古

左足で身体を前に押し出し大きく肩を使って竹刀を振る

足さばきと同じく、強靱な下半身をつくりだすために、追い込み稽古はかなりの時間を割いて行なっています。切り返しや面打ちなど、いわゆる基本稽古と呼ばれるものは、追い込み形式で行なうようにしています。

追い込み稽古のポイントは、早く打つことにとらわれず、肩を使って大きく竹刀を振ることです。急いで打とうとすると、どうしても小さい打突になりがちですが、それでは稽古の効果が半減してしまいます。全速力で足をさばきながら、大きく竹刀を振ることで、追い込み稽古本来の効果が期待できます。肩には力を入れず、手首と肘を使って打突に冴えを出すことも意識します。

高千穂高校では切り返しも追い込み稽古のなかに組み込んでいますが、腰を落として行なう胴の切り返しも大事な稽古の一つです。胴の切り返しは左右に足をさばきながら打ちますが、このとき重要なのは身体の軸をぶらさないことです。上体が前傾しないように意識しながら、足さばきと同じように重心を中心に置いて打ちこんでいきます。

◆**稽古例**

大きくすり足で行なう切り返し

胴の切り返し

切り返し

大きく面

小さく面

小さく小手面

面体当たり引き面→面

小手面体当たり引き胴→小手面

面の交差

高千穂高校〔宮崎〕

胴の切り返しは腰を落とし、身体の軸を意識しながら行なう

技の練習

打突に至るまでの過程を意識。つねに攻め崩してから打つ

追い込み稽古が終わった後は、技の練習に入ります。

技の練習では、私の方から出小手や抜き胴などの指示を出すことはありません。「仕掛け技」「応じ技」「引き技」に分類して、生徒がそれぞれ自身で習得したい技を稽古していきます。

稽古の時期や内容によっては、通常二人一組で行なうものを、三人一組にする場合もあります。その理由は、たとえば引き技であれば、今年の男子は上手な選手が多かったですが、女子はあまりうまくありませんでした。男子の二人一組のなかに女子を一人加えることで、男子を見本として打突のコツを習得してもらいたいという意図があります。

技の練習は、行なっている者がしっかりと意識をして取り組まなければ、通常の基本打ちになってしまいます。ただの面打ちや

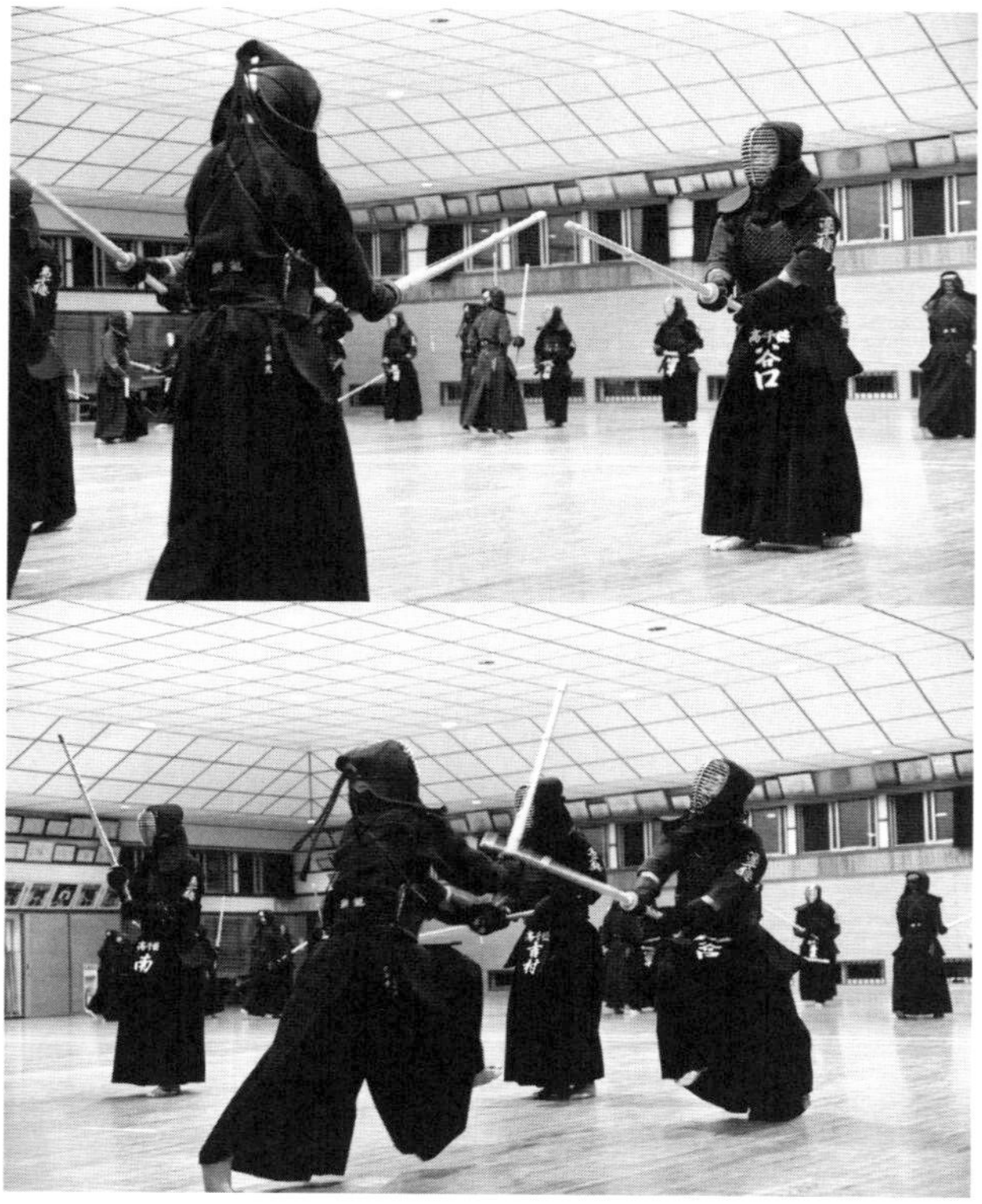

仕掛け技の稽古

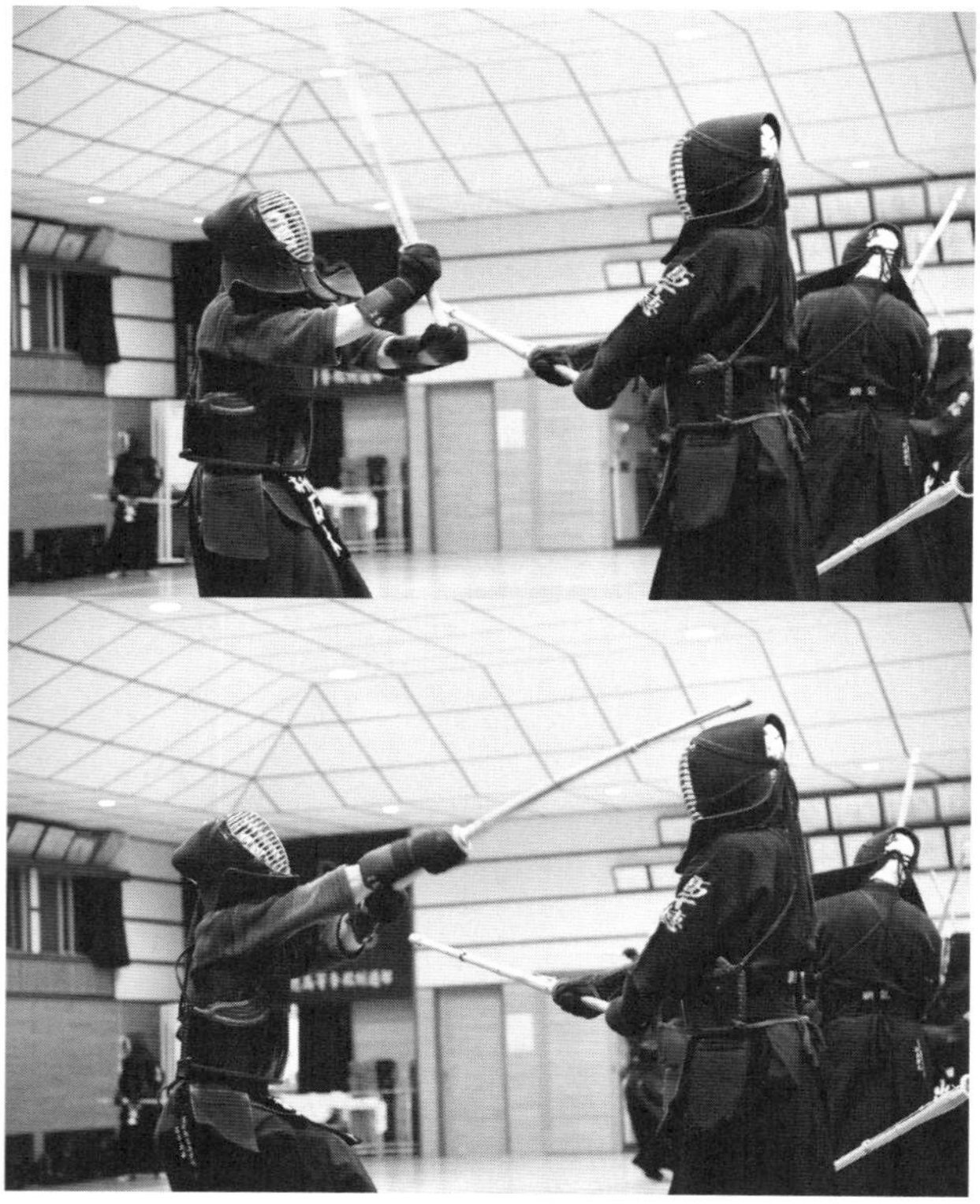

引き技の稽古

応じ技の稽古

小手打ちになってしまわないように、打突にたどりつくまでの過程、いわゆる〝攻め〟を意識させるようにしています。とくに攻め合いからの入りや、どうやって相手の手元を浮かせるかなど、攻め方というのはそれぞれ違うものです。二人一組、もしくは三人一組でそのあたりを教え合いながら行なうことで、多彩な攻め方を習得させたいと考えています。

地稽古・掛かり稽古

攻め合いのある地稽古。掛かり稽古は素早い体勢づくりを身につける

技の練習を終えた後は、地稽古と掛かり稽古を行ないます。

地稽古でポイントとなるのは〝攻め〟です。攻めがなければ相手が崩れず、一本をとれるような隙も生まれてきません。かたちだけ間合を詰めるような攻めではなく、かたちには見えなくとも相手が崩れるような圧力をかけていくことが、私は重要だと考えています。とくに高校生はただ打った打たれたという部分に終始

してしまいがちですが、攻め合うなかで我慢をした、手元が浮いた、逃げてしまったなど、理合の部分が現われるような地稽古を求めるようにしています。私と稽古をする際には、なぜ打たれたのかを聞き、つねに考えることを心がけさせています。

掛かり稽古では、体勢づくりの早さを意識させるようにしています。高千穂高校の道場は床がすべりやすく、素早い体勢づくりが難しいですが、この道場で打突後も崩れず体勢を整えることができれば、試合においても素早く相手に対することができると感じています。

最後は全員で円になって早素振りを１００本行ない、稽古を終了します。

地稽古では攻めを意識させる。なぜ打てたのか、なぜ打たれたのかを考えさせることが重要

掛かり稽古で意識するのは体勢づくり。打突後は素早く体勢を整え、次の攻防に備えられるようにする

選手インタビュー
高千穂高校がくれたもの

林　拓郎（3年）

――進学先に高千穂高校を選んだ理由

自分は出身が熊本県です。熊本の高校に進学することも考えましたが、熊本には九州学院があるので、全国大会で活躍するために県外の高千穂高校に進学することにしました。

――入学するまでの高千穂高校のイメージ

稽古はもちろん、上下関係も厳しいと聞いていたので入るまでは不安でした。実際、稽古はとても厳しいですが、上下関係もしっかりしたなかで楽しく毎日を過ごすことができているので、高千穂高校に入って良かったと思います。

――高千穂高校剣道部の良いところ

先輩と後輩が毎日切磋琢磨して稽古ができるのが、一番良いところだと思います。みんなで一致団結して、日々努力しています。

――3年間で一番の思い出

やっぱりインターハイの優勝です。個人戦では50分の延長再試合を経験して、結果的には負けてしまいましたが、とても良い経験になりました。

――高千穂高校で学んだこと

野口監督指導のもと、人間的に成長することができたと思います。

――今後の目標

大学に進学しても、日本一を目指して日々の稽古に励んでいこうと思います。

小川有紗（3年）

――進学先に高千穂高校を選んだ理由

私は高千穂中学校の出身で、中学時代から練習に参加させていただいていました。親の勧めもあり、姉が高千穂高校で学んだこともあって、高千穂高校に進学することを決めました。

――入学するまでの高千穂高校のイメージ

中学時代から稽古にきていたので、稽古がきついことは分かっていました。先輩方の姿を見て、剣道がしっかりしていてとても強いイメージがありました。

――高千穂高校で過ごした3年間で身についたこと

剣道の技術面はもちろんですが、人としてのあり方や人間性、自分が中心に立って動くことの大変さなどを学ぶことができました。

――野口監督から学んだこと

人として、当たり前のことを当たり前にすること。人としてのあり方を学ばせていただいたと思います。

――高千穂高校でしか学べないと思うこと

厳しい環境のなかで、自分なりにどうやって生き抜いていくか。環境に耐える力が身につくと思います。

――今後の目標

高校では日本一になれなかったので、大学では必ず日本一になって、恩返しをしたいと思っています。

清家羅偉（3年）

――進学先に高千穂高校を選んだ理由

自分は中学2年のときに高千穂中学校に転校してきました。中学で良い経験をさせていただいたので、もっと高千穂にいたいと思い。高千穂高校に進学することにしました。

――入学するまでの高千穂高校のイメージ

父が高千穂の卒業生ということもあって、稽古や上下関係の厳しさは理解していました。入学してみて、稽古も人間関係も軸がしっかりしているという感じがしています。

――高千穂高校のつらいところ

朝から夜まで稽古をしている感覚で、一日が長く、一週間が過ぎるのがとても遅く感じていました。でも、引退をして、終わってみれば短かったと思います。

――強くなった実感

もちろんあります。野口監督の指導のおかげもありますが、部員全員で高め合ってきたという気持ちもあります。剣道の技術はもちろん、剣道以外の人間的な部分を野口監督は指導して下さいます。そこが一番、3年間で鍛えられたと思います。

――3年間で一番の思い出

玉竜旗とインターハイです。九州大会で負けてしまって、そこを転機ととらえて夏の大会につなげることができたのが、自分としては大きな思い出です。まさか優勝できるとは思っていませんでしたが、一戦一戦たたかった結果、決勝の舞台に立たせていただくことができました。

――今後の目標

卒業まで後輩たちを鍛えながら目標に向かって精進していき、大学でもう一度日本一になりたいと思います。

卒業生寄稿

わたしと高千穂高校と剣道

新婚旅行が剣道遠征
着任三年目故吉本政美先生との思い出

興梠孝明
（昭和50年・高千穂道場流水館）

名門校は二軍、三軍が相手
遠征先に防具持参した吉本先生

私は高千穂生まれの高千穂育ちであります。

昭和三十二年生まれ、その年に高千穂高校が、故小西鉄治監督、故甲斐清貴先生、故押方身強先生に指導され、玉竜旗で初優勝しています。その頃の武勇伝が電車の待ち合わせの時間に、ホームで素振りをさせたと聞いています。

その後は、吉本先生の高校時代も含め低迷をしていったらしく、吉本先生が赴任され全国を目指す事となります。しかし、全国を目指すにも部員は少なく予算もなく、私が中学生の時は、先生は赴任一年目、先生と部員でリヤカーを引いて、空ビン回収をされ、遠征費にされていました。その時代の先輩方には頭が下がります。

吉本先生との出会いは、もちろん地元ですので小学生の頃から知っていました。選手確保もあり、私が中学生の頃から勧誘をかね、毎晩のようにこられていました。

先生の指導により二年目には、一番弟子の興梠孝一先輩（昭和四十八年卒）が、県で個人優勝されました。その頃は部員も少なく私が（昭和四十八年）入部した年には、男子十名女子四名の部員数でした。

今思えば、三年生が四名だったのですが、この先輩方がまじめで、先生が居なくても、きっちり稽古されていました。先生の指導の一環で指導者の居ない時でも、元立が気を抜かない事を守られていたのでしょう。

稽古後毎晩のように、家にこられ、素人の家族に剣道談義をされていました。私に取っては迷惑な事でした（笑）。

私たちの頃、寮はありません。そのため月一回ぐらい吉本先生の兄の吉本晃さん宅や部員の自宅に分宿をして朝稽古、夕稽古をしていました。遠征に行くも今とは違ってバス・電車の乗り換え、その時　武勇伝の話をされ電車の待合時間を利用してホームで素振りをさせられました。遠征に行くと名門校の相手は二軍・三軍からでした。先生も情けなかった事でしょう。しかし先生も必ず防具を持って稽古され、他校の先生に掛かっておられました。身をもって教えられたのでしょう。

部員全員で結婚式出席
終了後はただちに遠征出発

昭和四九年三月に監督が、さき子さん（奥様）と結婚されました。結婚式の準備から結婚式まで、剣道部員全員で出席し、終わると同時に熊本・佐賀・鹿児島遠征、部員も一緒に水前寺公園にて記念撮影、これが先生の新婚旅行でした。

これが吉本時代の幕開けかもしれません。

その年インターハイ予選は、男女そろって全国大会出場。試合結果、女子は予選突破、男子は国学院栃木高校に四対一敗、琴平高校に五対〇惨敗、全国デビューはほろ苦いものでした（自分も一年生で出場して二敗）が、先生の指導及び先輩方の努力により、その後、先輩方が、東海大（藤岡正一先輩）、中京大（興梠孝一先輩）、法政大（甲斐康弘先輩）と、先陣を切って大学の門をたたいて頂いたお陰で現在に至っていると思います。

昭和49年、佐賀遠征。結婚式の翌日に出発した

私も運良く法政大に入学出来、卒業後故郷に帰り家業の傍ら吉本先生の下で、興梠孝一先輩と二人で二十五年間稽古に通わせて頂き指導法などを勉強させて頂きました。

先生が高千穂高校を転勤された後も、私の道場に足を運んでくださり指導賜りました。

五十歳で亡くなるまで、剣道で始まり剣道の話で終わりました。最後は「金の卵でなく・にわとり・をつくろう」と云われたのが印象に残っています。

吉本先生の意志をついで、後輩たちにも期待します。

吉本先生を観て学んだこと
教育観・生活習慣・リーダーシップ…

山口明生
（昭和53年・東海大甲府高校教諭）

姿勢が崩れず美しい
高千穂高校剣道部との出会い

運命の如く、「吉本先生の指導力」と後に高千穂高校で愛情溢れる厳しい稽古をつけてくれた、先輩たちの自信から生まれ滲み出ていた美しい構えと稽古への姿勢態度であった。

私が日之影小学校6年生の時、日之影町立体育館（高千穂町の隣町）に高千穂高校剣道部が12月合宿に訪れた。部員数は15名程と記憶している。体育館の半面隅に見学していた私は、子供心に統制のとれたきびきびした行動、態度で準備体操から稽古へと進んでいく姿にかっこよさと凄さに驚いていた。誰が先生か解らなく戸惑っていたが、大きい張りのある声で眼光鋭く指揮をとっていた方が吉本先生であった。剣道を初めて2年半で高校生の声の大きさや苦しそうな内容に心を奪われたが、何よりも強く印象に残っているのは高校生の姿勢が崩れず美しかったことである。

その夜には、吉本先生がわが家に来て一緒に夕食を食べていた。情熱ある元気な声で父親と話していた。中学生の頃には、高千穂高校日之影分校へ授業で来られており昼食時にわが家に来られ話をしていたことを聞き覚えている。今考えればこの頃から高千穂高校へ導かれていた思いがするのである。3年生になって吉本先生からお誘いのお言葉をいただき、真新しい吉本家にお母様と先生ご夫婦との下宿生活が始まった。

稽古の思い出
打ち込み、掛かり稽古の連続

昭和51年春に入学した。当時吉本先生は27歳、部員は男子1年生4人と上級生10名程で男女20名程であった。入学当時は女子の先輩と試合をしても勝つことができなく、その都度厳しい稽古になるなど少々情けない思い出もあるが、この年女子は九州大会で優勝している。昭和54年には「宮崎国体」の開催をひかえ成功に導くために吉本先生は、まず「全国で勝てるチーム造り」を第一に考え、九州各県での朝稽古や強豪校並びにPL学園にも出かけ練習試合、稽古、合宿等に足を運んだ。当時名前もほとんど知られていない我々はコテンパンに打たれた。悔しい思いを毎回毎回

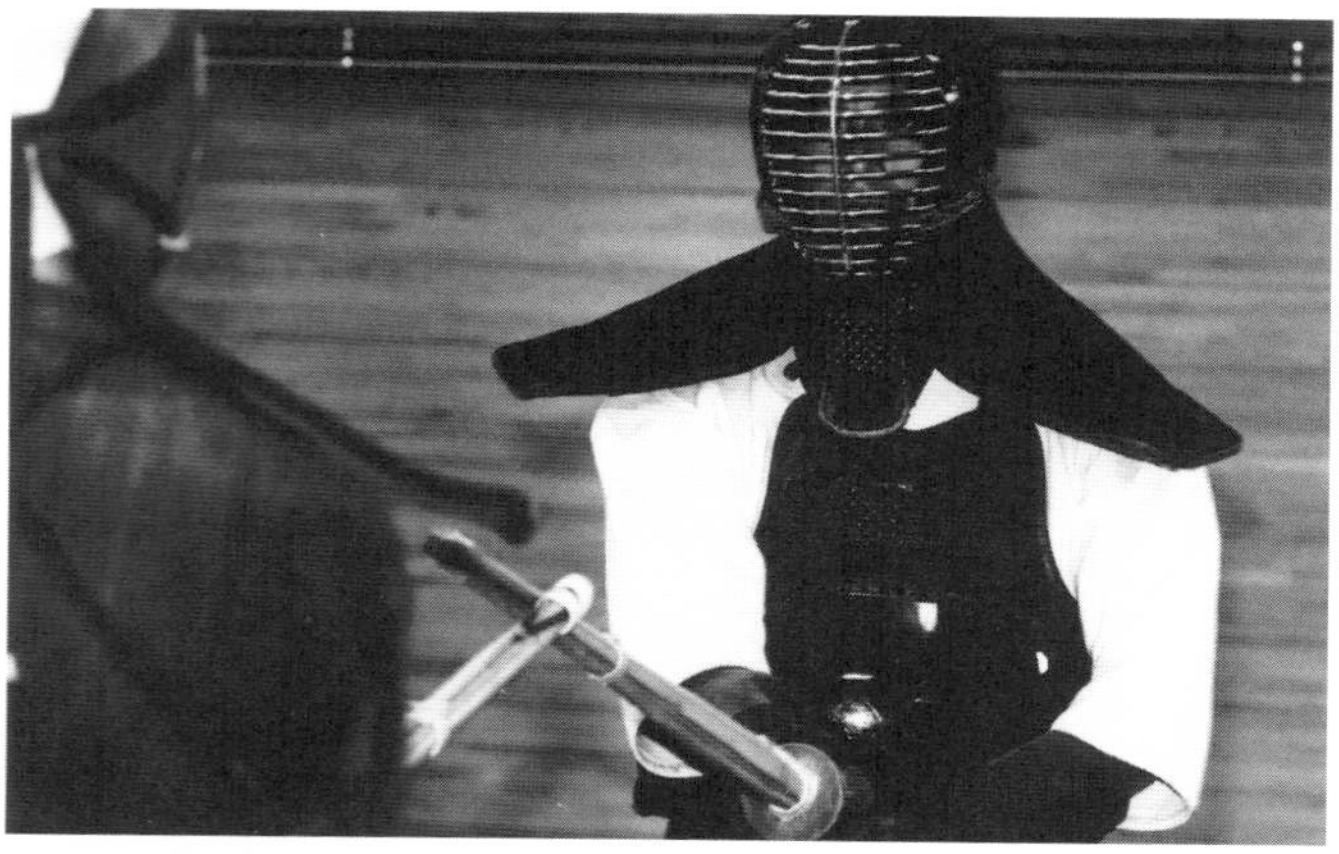
吉本政美監督は遠征先の稽古にも参加し、自身の研鑽も欠かさなかった

しながらも「帰って稽古だ」と目付の厳しい表情で、ただただ思念工夫、理論を踏まえた基本と打ち込み、かかり稽古の連続であった。

長期休暇には大学生が帰郷し吉本先生の手足となり、鞣しの先皮、極太竹刀での試合に稽古「大学生に勝つまでやる」との言葉通り、勝っても負けても考えさせる稽古法は徹底してやった。泣き言を吐きながらも幸いなことに皆身体は丈夫で、精神的にもタフで粘り強かった。

吉本政美先生と私
基本的な人間教育を学んだ

高校時代と大学時代は時間があれば吉本家にお世話になり家族の一員のようにご一緒させていただいた。ともに行動させていただき根本的な人間教育を学び得た事は、人生の中で何物にも代えられない貴重な時間でありました。

吉本先生は「何故こうなるのか」を技術的、内面的方向から（身・刀・心法）理論的に順序良く噛み砕いて教えていました。

高校時には、声の出し方ひとつ「内なる心の現れであるから、口から火が出るほど、相手を燃え尽きるほどの気迫ある姿勢を声で表現しなさい」。攻めも「姿勢を正し大きく見せることで相手への威圧感（構え）、足（右左）で攻め入る出し方（捌き）、膝、腹（臍下丹田）、構え、剣、声の攻め、間と間合い」「面小手胴突き技のこと」などを、多方面から引用し朝のトレーニング時や庭掃除の時に話され、夜はお風呂や夕食時に、マッサージや耳かきなど事あるごとに足先から頭頂までの礼儀作法、生活面までも細かくご指導いただいた。

大学時代は先生と車の運転をして遠征に行っては地域の朝稽古にも参加し、上手との稽古で細かく反省されるので、先生の稽古はしっかりと見取り稽古をしていないと話についていけなかった。その実践を踏まえて生徒への指導がより理論的となった。また、教育観、基本的生活習慣、リーダーシップ、吉本式勝利への方程式、自立心から社会観など多くの事を、先生を観ていることで学ぶことができた。

　吉本先生の基本的剣道観は、「高千穂は正面から堂々とわたりあう」剣道をする。「攻撃型で、相手を引き出したり、押さえたり、読んだりすることは嫌で、相手を攻めたてて崩れたところを打つ。主導権を握るのが剣道であるから、後の先というのは好きじゃない。自分が攻めていくと相手がそれに対してどう対処しようかと思うなら、その裏をかいてまた攻める。入っていける地力、そして崩していける人間と崩していける地力。そこまで無理にしたら危険だと思うのは剣道の妙味であっていい。退くのもいい、抜くのもいい……。しかしその退いたり抜いたりする基本は、出ていく力があるから成功する。中心という基本が根底にあって、心で攻めかち相手を捌く、中心が強い利点を活かした変化の攻防をする。中心のない変化は変剣だ」とおっしゃって実践、指導されこれが私の剣道観にもなっている。

　今でも富士山が好きだった吉本政美先生が、頭上で指導してくださっている思いである。

　今でもご指導いただいている、奥様にも心より深く感謝いたしております。

合掌

吉本政美先生の稽古
攻めに徹し中心を外さず追い込んだ

國吉奉成
（昭和54年・皇宮警察）

中学三年の秋に来校
高千穂高校剣道部との出会い

　私の出身地は県内の山間部に位置する過疎地であり、中学三年生の秋に、吉本先生と剣道部員の先輩方が来校し、稽古をさせて頂いたのが出会いの始まりです。その後、冬休みに高校剣道部の合宿に単身で参加させて頂き、年明けの四月、高校に入学し、剣道部へ入部しました。

　私は越境入学だったため、当時としては珍しく、先生のご自宅に下宿させて頂きながら、三年間寝食を共にして学校生活を送りました。当時部員は三年生七人、二年生四人、一年生が十四人の計二十五人でしたが、吉本先生の厳しい指導の下、部員全員が必死に稽古に励む毎日でした。

　ところで、当時の道場は、校舎の建物の下方に柔剣道場として建てられており、そこで、朝稽古・夕稽古・合宿等を行っておりましたが、老朽化に伴って、テニスコート跡地に昭和五十四年に剣道場として新設され、その後、平成二十年に現在の道場に移設されました。

時代の趨勢とともに道場は変わりましたが、部員としての誇りは今も持ち続けているところです。

妥協が許されない苦しかった基本稽古

稽古は、とにかく厳しい内容で、特に基本稽古に要する時間が多く、切り返しからしかけ技応じ技等、一本一本を大事に打ち切るというもので妥協が許されない稽古でした。一方、互格稽古は構え合って中心を取り合う攻防から始まるのですが、駆け引きの最中に攻め負けて姿勢や構えが崩れる。そうなると左手が浮いてしまう。すぐに先生から激が飛びます。「左手が動いている。避けようとか受けようとか楽しようという気持ちがあるから左手に現れるんだ。そこで我慢する、攻め返すという勇気がなければ打つべき機会を捉えることもできない。何時まで立っても決断が出来ないでどうするんだ」と、まさに事理一致を諭されたもので、指導の中で、一番厳しく指摘されました。

行動力と探究心吉本先生が求め続けた剣道

全国大会出場を見据えた遠征だったと思いますが、実際に全国大会会場へ足を運び、出場選手がアップする練習会場で、打込み相手をお願いするというものでした。この目的は、出場選手の力量を体験するだけでなく、実際に試合会場の雰囲気を体感するもので、おそらく当時としては、類をみない出来事だったと思います。この貴重な経験を活かすことで、次の年には県大会予選を突破し、全国大会に出場し、第三位に入賞することが出来ました。

吉本先生は、何事においても行動力に長けており、探究心が旺盛であったと思います。

特に剣道の事となると、ご家族を含め、他のことにも目もくれず、一心不乱に取組み、いざとなれば、目的を達成するためには手段を択ばないといった感じでした。

稽古では、攻めに徹し常に中心を外さず、生徒と立ち合い、限界に追い込むまで、徹底した指導に努められました。一方で、生徒全員から訓練日誌を提出させ、その日の稽古目標・達成度・反省点等を書かせ毎日朱書きするなど、生徒とのコミュニケーションを図り、意思の疎通にも努められました。巷では、鬼の吉本と言われる存在でしたが、年に一度は意外な一面を垣間見ることもありました。

吉本先生の下で、三年間家族の一員として、また剣道部員として剣道の基礎を学ばせて頂いたことに心から感謝しております。

今後、先生の遺志を受け継ぎ、修行に邁進し、恩返しに努めていきたいと思います。

最後に、このような機会を与えてくれた現役高校生の皆さん達に、感謝と祝福を申し上げ、更なる今後の活躍を大いに期待致します。

「剣道は指導者で変わる」国際武道大学入学を決めた師の言葉

岩切公治
（昭和59年・国際武道大学教授）

全国高等学校剣道大会優勝おめでとうございます。吉本政美先生もとても喜んでいることと思います。

私たちの時代は、吉本先生が熱く厳しい指導をされていた時代であり、同級生と窓の外を見ながら、「道場の上に何か落ちてこないかなぁ」と冗談ではなく、真面目に考えていたこともありました。

当時の高千穂高校の剣道は、とても力強く豪快な剣道でした。中学生の時に何度か試合を観て、憧れていたのを思い出します。今にして思えば、この憧れが吉本先生との出会いであり、先生の生き様がそのまま表されたのが高千穂高校の剣道だったように思います。

そのような良き師と剣道に出会うことが出来たからこそ、今があるのだと考えます。

吉本先生には数々の教えを頂きましたが、常に私自身と向き合いながらご指導頂いたことを覚えています。

現在、国際武道大学で剣道部の指導にあたっていますが、吉本先生の導きがなければ今の自分はなかったと思います。

大学を決定する際に、「公治、剣道は指導者で変わる。国際武道大学の指導者はすばらしい。そして何よりもお前の剣道に一番あっているぞ」と方向づけをして頂きました。当時の国際武道大学は、開学したばかりの大学で試合にも出場していませんでした。しかし私は吉本先生の言葉を信じて国際武道大学への進学を決意しました。

進学すると先生の言われたとおり、その当時、主任教授の小森園正雄先生を中心に、多くの素晴らしい先生方が指導されていました。この先生方と巡り会えたことがとても幸せなことであり、恵まれたことだと実感しています。

卒業後は大学に残ることが決まり、先生に報告すると、「実ほど頭を垂れる稲穂かな」と手紙を頂き、「耐えて常に明るく、そしていくら実ってもゆるぎない根（信念）を忘れては己を失うぞ」とお言葉を頂きました。

また別の機会には、「呑舟の魚支流に遊ばず」と、ご自身が恩師の先生に教示された言葉を贈って頂きました。「お互いに本流、本道を求めて行きましょう」と添え書きがしてあり、今でも心に深く刻まれています。

吉本先生に頂いた教えを忘れずに、これからも精進してまいりたいと思います。そして先生には及びませんが、先生のように、出会う人たちを元気に出来るような人間になりたいと願うばかりです。

最後になりますが、母校の益々のご活躍を祈念して結びとさせていただきます。

「最低でも生徒が稽古着に袖を通す数と同じだけ袖を通せ」

山下克久
（昭和60年・茨城県庁）

高千穂生まれの私憧れが目標となった

野口先生はじめ、選手・部員の皆さん、保護者の皆様、本当におめでとうございます。我が母校、高千穂高校の全国制覇を心より祝福し、後輩たちの活躍を誇りに思います。

私も今から35年前に高千穂高校に入学し、日本一を目指して、吉本政美先生の御指導のもと、無我夢中で稽古に励んだことがつい先日のように思い出されます。

〝剣道の町高千穂〟で生まれ育った私は、小学校1年の入学と同時に剣道を始め、高千穂高校の先輩方の試合を拝見する機会が度々あったので、自然に憧れを抱くようになりました。私が5年生の時に、先輩方が玉竜旗で2位になった試合をテレビ観戦して興奮し、6年生の時には、宮崎国体が高千穂で開催され、宮崎県の優勝の瞬間を直に会場で拝見して感激し、いつしか〝憧れ〟が〝目標〟に変わりました。

昭和58年4月、日本一になる夢を描いて高千穂高校に入学しましたが、先生の妥協を許さない鋭い眼光、それに臆することなく立ち向かっていく先輩たちの姿、これを目の当たりにしたとき、「死にものぐるい」とはこのことだなと実感しました。私が1年生の時の先輩方は実力者揃いでしたが、インターハイ3位という結果でした。

普通なら「よし来年こそ自分たちの手で日本一を勝ちとるぞ」と決意を新たにするのが当たり前かもしれませんが、正直、私の心の中は、「あれだけ強い先輩たちが3位しかなれないのか。これから俺たちはどんな努力をすればいいのだろう。あれ以上の努力ってどんな世界なんだろう」という不安しかなかったように思います。

10時間後にはまた稽古 日本一をめざした猛特訓

案の定、そこから先生の指導は厳しさを増し、3年生になるまでの2年間は本当に苦しいものでした。稽古が終わって道場を出るときに、「あー、10時間後には朝練でこの場所にいるのか……」と憂鬱になることも多々あったことも事実です。仲間がいたおかげで何とか踏ん張ることができ、3年の夏の九州大会では創部初の男子団体優勝を果たし、最後の玉竜旗とインターハイに「日本一になれる」という自信をもって臨みました。しかし、結果は玉竜旗3位、インターハイでは決勝で敗退し、初優勝の夢は叶いませんでした。私たちは負けた悔しさで号泣していましたが、吉本先生はその瞬間から次への戦いが始まっていたのだと思います。

次の年に後輩たちが初の全国制覇を男女アベック優勝という史上初の快挙と一緒に叶えてくれました。大学1年生だった私は、コーチ役として先生と共に行動させていただき、優勝の瞬間に立ち会うことができてとても幸せでした。このとき先生が私に、「おまえたちで負けたときには、これだけやっても日本一になれないのだから、もう一生チャンスは来ないと思った。〝勝ちに不思議な勝ちあり〟と言うが、優勝したときは本当に不思議な気持ちだったよ。逆に〝負けに不思議な負けなし〟と言うから、おまえたちの時にはすべてやり尽くして臨んだつもりだったけど、や

昭和60年、高千穂高校の稽古

っぱり何か足りなかったんだろうな。敗因はいろいろあるだろうけど、これからそれが何なのか少しずつ分かってくるのかな」とおっしゃっていました。

のちに私が教員になってから、「いいか山下、最低でも生徒が稽古着に袖を通す数と同じだけ袖を通せ」と言葉を贈って下さいました。これは先生が実践してきた姿そのものであり、私にとって叱咤激励となる生涯の宝物となっています。

現在は、野口先生、佐伯太郎先生が生徒と一緒に稽古着に袖を通して汗を流し、高千穂高校の伝統を守っていらっしゃいます。その一日一日の積み重ねが大きな成果となって花開いたことは、伝統を土台として、新たな高千穂高校の歴史の第一歩を踏み出したのだと確信しています。これからも、吉本先生、佐伯浩美先生はじめたくさんのＯＢ、町民の期待を支えに、さらに飛躍してくれることを期待しております。高千穂高校万歳!!

正選手になれなかった私
「兄ちゃんのいる兵庫県警に行け」

佐藤　誠
（昭和60年・兵庫県警察剣道特練監督）

道場で笑顔はなし
吉本先生の熱血指導

この度は、高千穂高校剣道部後輩諸君、全国高校総体剣道競技男子団体26年ぶりの優勝本当におめでとうございます。心からお祝い申し上げます。

私は現在、兵庫県警察剣道特練の監督をしております。

出身は地元高千穂町で、小・中と剣道を続け、高校進学は迷いなく高千穂高校へと進む事に決めておりましたが、部活動を何にするか悩んでおりました。何故なら高千穂高校剣道部の稽古内容は、当時中学生だった私達剣道部にも噂は流れて来ており「稽古は地獄らしい、吉本監督は鬼らしい……」と。実際2歳上の兄が高校剣道部に入りまして、首元は生傷だらけで日に日に頬が痩けていっているのを傍で見ておりましたので、「これはやばいな」と内心怯えておりました。

当時幼なじみの友達がサッカー部からスカウトされ「おまえもサッカー部どうだ？」と誘われました。両親はてっきり剣道部に入ってくれるものと思っていたのか、私の「サッカー部に入りたい」に「何を言うとっとか！」と、父親に怒られたのを思い出します。父親の説得も無視するように、友達とスポーツ店へ出向き、スパイクなどを品定めしておりましたが「このまま剣道から逃げてしまって後悔はしないだろうか?」と悩み、友達に「2、3日時間をくれないか?」と相談し、サッカー用品を購入することなく帰宅したのです。兄に部活を何にするか悩んでいることを相談すると「剣道部入るか?」「……うん」と返事をしたのです。そのやり取りを傍で聞いていた父親が「誠、今から吉本先生の家に行くぞ」と、半ば強引に車に乗せられ先生のご自宅に向かったのです。玄関に出てこられた吉本先生の姿を見て、緊張で硬直し「やれるか?」の問に「……は、はいっ!」と変な汗をかきながら返事をした光景を今でもはっきりと覚えております。

剣道部に入部すると、案の定半端ない地獄のような稽古について行くのがやっとでした。当時の3年生には、谷川幸二先輩(現・宮崎県警師範)、白石哲朗先輩(現・千葉県警師範)、2年生には岩切公治先輩(現・国際武道大学教授)など蒼々たる先輩方が在籍されており、吉本先生の指導稽古に加え、先輩方との稽古も地獄のような稽古内容であり、毎日毎日が恐怖すぎて、泣きながら鼻を垂らして稽古しておりました。

吉本政美先生の指導というのは、とにかく熱血指導であり、道場での稽古で笑顔を見たことがありませんでした。

剣道の先生を目指せ 兵庫県警察をすすめた吉本先生

高校3年時、私達は玉龍旗3位、インターハイ準優勝を収めましたが、私は3年間正選手として活躍することはありませんでした。家庭的にも裕福ではなかった私に、吉本先生は「選手は大学から推薦が沢山来る。こいつらは大学に行くだろうが、お前は兄ちゃんが居る兵庫県警に行け。県警の先生方に更に鍛えてもらって剣道の先生を目指せ、高校で負けちょっても社会人になって活躍したらなんら遅くはないっちゃから」と言って下さり、兵庫県警察への就職を勧めてくださいました。

昭和61年に兵庫県警察官を拝命し、早30年が過ぎました。この30年間で一番辛かったことは、吉本先生が病に倒れ、志半ばでこの世を去られたことです。

兵庫県警特練時代も、高千穂高校の稽古内容とさほど変わりなく厳しいものでした。挫けそうになると吉本先生の「剣道の先生を目指せ」の言葉を思い出し、歯を食いしばって乗り越える事ができました。全日本選手権大会への出場も叶えることが出来ましたし、剣道八段にも昇段させて頂きました。

「高千穂高校剣道部=技術面+人間力を高める」という指導方針は吉本先生から佐伯先生へ、そして野口先生へと脈々と継承されております。私の息子も伝統ある高千穂の剣道を学んでもらいたいと高千穂高校剣道部に入部させました。今回主将の清家選手のご両親もそういう思いで高千穂へ送り出されたのではないでしょうか。

最後に後輩諸君、高千穂高校剣道部で育てられた先輩方が全国で、そして高千穂町地域全体が君たちのことを応援しています。

高千穂で学んだ事は無駄ではなかったと思える日が必ず来ます。これからも自信と誇りを持って大道を歩んで行って下さい。感動をありがとう。

合掌

吉本政美先生との思い出
インターハイ男女アベック優勝

飯干裕二
（昭和61年・都農町立都農中学校教頭）

高千穂高校剣道部が全国高校総合体育大会男子団体において、3度目の全国制覇を達成したことに対し、ＯＢとしてひしひしと喜びを感じています。これもひとえに、野口先生のご指導の賜物だと感じています。また、その礎を築いた吉本先生、その伝統を守り継承された佐伯先生は高千穂高校剣道部にとってかけがえのない存在であることはいうまでもありません。

さて、ここで私の高千穂高校での思い出を少し振り返させていただきます。まず、私の高校時代は吉本先生の存在なしでは語れません。その存在はあまりにも大きく、ご逝去された今でも、そしてこれからもずっと「生涯の師」です。また、私は吉本先生に高校3年間ご指導していただいただけではなく、大学卒業後、約2年間にわたり高千穂高校に臨時的任用教員（剣道部コーチ）として勤務し、吉本先生の指導法を間近で勉強させていただきました。そして教員採用後は、様々な学校で貴重な経験をさせていただきましたが、特に吉本先生が病に冒された約1年間は、可能な限り先生のご自宅等にお伺いし、大変貴重なお話を数多く聞くことができました。その全てが私の指導の基盤となりました。このように生徒として、同じ職場の職員として、そして教職員として吉本先生に出会えたことは大きな財産です。

次に、私が高千穂高校に入学した時は、吉本先生のご年齢は30歳代前半と若く、高千穂高校剣道部も全国の強豪校としてのその地位を確立しようとしていた頃でした。遠征先は八代東高校、鹿児島商工高校（現樟南高校）によくお願いしていた記憶があります。一方、普段の稽古は想像を絶するものがありました。切り返し、打ち込み稽古、懸り稽古、追い込み稽古をほぼ毎日行い、休みは1年間で2日間程度しかありませんでした。そのため、足の裏は常に裂けている状態でした。

また稽古にはＯＢである興梠孝明先生（現宮崎県剣道連盟強化委員長）も頻繁に来られ、後輩の私たちをしっかりと鍛えていただいていたのを思い出します。同級生の誰もが「逃げたい」という気持ちがあったと思いますが、誰も挫折することなく高校3年間の修行を全うできたのも、吉本先生の意欲の持たせ方、そして皆が「先生についていけば間違いない」という確信があったように思えます。その甲斐あって史上初の全国高校総体で男女アベック優勝ができたように思えます。

現在は職務上、剣道の指導は行っていませんが、指導をさせていただいていた頃、また管理職として壁に遭遇した時は、吉本先生からいただいた言葉を何度も思い出します。

そしてその度に吉本先生の偉大さを痛感いたします。

最後に数多く教えていただいた言葉の中から、1つだけ高千穂高校の後輩の皆さんに贈り、結びとさせていただきます。この言葉を常に想い、日々精進することで、更に成長することと思います。

「勝ちに不思議な勝ちあり負けに不思議な負けなし」

伝説のテレビ番組「だいこんに花が咲いた」で高千穂入学

清家宏一
（平成3年・大阪府警察師範）

基本稽古の中に掛かり稽古 掛かり稽古の中に基本稽古

私は、小学一年から剣道を始めましたが、中学の時には道場の恩師が突然の他界。元々そこまで剣道が好きではなかった私は、何事もなく剣道から離れた生活を送っていました。

そんな時、新聞のテレビ欄を見ていると、「だいこんに花が咲いた」と書いていました。この番組こそが、吉本先生率いる高千穂高校剣道部との出会いでした。

剣道に無知だった私は、同県でありながら高千穂高校剣道部の存在など全く知りませんでした。しかし、この番組を見て「県内にこんな凄い高校生がいるのか」と心を打たれ、高校入学を決めました。

入学してからは、「目から鱗」すべてにおいて新鮮でした。しかし、その稽古は想像を超える凄まじいものでした。そのほとんどが、実践に向けての稽古で、「基本の中に掛かり稽古があり。掛かり稽古の中に基本がある」といった内容が多くあり、道場の中で足が止まることなどありませんでした。

個人的な思い出は、高校三年の夏、吉本先生と二人での稽古の話です。

私たち剣道部は、月に数回、委員会活動のために稽古を途中早退しなければならない時がありました。

とある日、キャプテンが稽古中先生に、

「本日は、委員会活動があるため…」と告げ、みんな制服に着替えようとした瞬間、吉本先生が、

「清家！　お前だけ面を着けろ！」

と言いながら、吉本先生も面を着けだしました。

もう、その時の恐怖といったら言葉では言い表せません。急いで私も面を着けて吉本先生の前に立ったその時、小声で、「はい面打ち千本」と言われたような気がして、思わず私は聞き直しました。そうすると次は、鬼の形相で、「面打ち千本じゃ〜」と。

それから打ち込みが始まり、千本近くなると身体のあらゆるところがつるようになり、熱中症の症状の中、「千五百本」。三時間くらいは、打ち込んでいました。そんな恐ろしいこともあり、先生から逃げる日々が始まったのです。

剣道部送別会
剣道継続を決めた出来事

平成3年夏、高千穂高校は玉竜旗と全国高校総体で優勝しましたが、私は当然、レギュラーに入ることはできませんでした。

その後も先生との距離を縮めることができず、高校生活最後の日を迎えることになりました。

卒業式も終了し、剣道部送別会の時でした。高校三年間、努力もせず先生から逃げていた高校生活でしたので、何ともいえない気持で終わろうとしていました。

心の中では、「最後に先生と何でもいいから話をして終わりたい」と思っていましたが、何も言えず……。

送別会も終了し、在校生がアーチを作り、その中を卒業生が通り抜けているその時でした。吉本先生と奥さんのさき子さんが、アーチの中から私を引っ張り出し、二人で泣きながら抱きしめてくれたのです。

この短い時間で中での出来事、その温かい気持ちこそが、私の人生を大きく方向転換させ、剣道継続の道に導いてくれたのは事実です。

最後に、高千穂高校剣道部の皆さん優勝おめでとうございます。26年前に私達の学年が頂点を取り、そして今年、何か運命的なものを感じました。

「感動をありがとう！」

そして何より、野口先生、佐伯先生、子供達を最後まで信じ指導していただきまして、本当に有り難うございました。これからも高千穂高校を宜しくお願いします。

絶体絶命の窮地
逆転のインターハイ団体優勝

阪口寿里
（平成10年・穴師剣道会指導者）

この度は、母校、高千穂高校剣道部の皆さん、野口先生始め関係各位の皆様インターハイ男子団体優勝おめでとうございます。心よりお祝い申し上げます。

今回の後輩達の活躍により、高千穂高校ＯＧとして高校時代の思い出を執筆させて頂く事になり、大変、嬉しく思っております。拙い文章になるかもしれませんが、今までお世話になりました沢山の方々への恩返しの気持ちを込めて執筆させて頂きます。

吉本先生が突然の転勤
佐伯先生を日本一の監督にする

私は中学3年生の4月から、小学校を卒業したばかりの2才年下の弟と共に親元を離れ、晴れて吉本政美先生のいらっしゃる高千穂へ行く事が出来るようになり、下宿生活がスタートしました

転校した高千穂中学は当時、剣道部がとても強く、全中でも活躍していて、私も中学の剣道部へ入部出来るものと思っていたのですが、ある日、吉本先生に呼ばれ、「中学の剣道部には入らず、高校へ稽古に来なさい」と言われました

1年間、公式戦には出れないという事になるので内心は剣道部に入って試合に出たいと思っていましたが、吉本先生を信じ、こうなったら高校生の先輩方と同じ気持ちで頑張っていこうと心に決め、中学校が終わると高校の道場へ通い、高校生の先輩方の中で毎日毎日厳しい稽古に励みました。そんな剣道三昧の生活をしていると、夏には同級生が2人入って来ました。そして秋にはまた1人仲間が増え、その当時の高千穂高校剣道部女子としては一番同級生が多い年となり、7名が高校へ入学する事になりました

さぁ、これから吉本先生の元でインターハイ優勝を目指すぞ！そう思っていた矢先、思いもよらない事態が私達を待っていました。

高校入学を控えた3月のこと、高千穂高校に20数年在籍されていた吉本先生が転勤するという一報が入ったのです。その時のショックを今でも鮮明に覚えています。吉本先生に教えを頂くために全国から親元を離れて高千穂へ来た同級生達と泣きました。吉本先生ご自身も涙を流されていました。

これから一体私達はどうなってしまうのだろうか……。何の為

に高千穂に来たのか……。そんな不安を抱えながらの入学でした。

吉本先生の後任の先生は吉本先生の教え子であり、私達の先輩でもある佐伯浩美先生でした。当時30代前半の若い先生でした。

吉本先生の高千穂高校が佐伯先生の高千穂高校へ……。吉本先生を慕って先生のご自宅に下宿をする者、新しく出来た佐伯先生のご自宅に下宿する者とに分かれていましたし、3年生、2年生の先輩も、私達も、保護者の方々も、そして佐伯先生ご自身も1年目は色々な事を整えていく、新しくしていく、そのほうが大変だったように思います。

そんな中でも試合は待ってくれず、毎日朝稽古、夕稽古、遠征等、剣道三昧の生活は続いていきました。週末には吉本先生が宮崎市内から片道3時間かけて稽古に来て下さっていました。

当時の高校女子剣道界といえば、熊本の阿蘇高校の黄金期で九州大会でも全国大会でも優勝をしており、ライバルとして追い付け、追い越せの時代だったように思います。

私は1年生からレギュラーとして団体戦に出場させて頂きましたが、1年生の時はインターハイ決勝で阿蘇高校に敗れました。その時、対戦した相手はその後最大のライバルとなっていきます。

私達の1つ上の先輩は1人しかおらず、3年生の先輩が引退してからは1年生中心のメンバーで私は1年生の新人戦から大将を任されるようになりました。その年の全国選抜大会では1年生中心のメンバーで準優勝になり、これがプレッシャーとなりました。

そのプレッシャーを払拭するかのように、とにかく勉強も剣道も何事も1番！3倍努力を掲げ、とにかく稽古に稽古を重ねました。朝稽古が6時半頃から始まるのですが、毎朝、朝稽古が始まる前までに走り込み、筋トレをし、誰よりも早く1番に道場へ行き、道場の外でタイヤ打ちをし、鏡の前で模擬刀を振り、重い木刀を振りました。そして朝稽古をし、授業を受け、夕稽古へ……。夕稽古では誰よりも早く面を着け、必ず一番に先生に稽古にかかり、とにかく稽古に数をかけ、工夫をし、夕稽古が終わってからは自主練を来る日も来る日も行い、時間のある時は、高千穂高校OBの先生の道場へ行き、稽古を付けて頂きました。

そんな生活を毎日自分に課していましたが、2年生のインターハイ予選も、選抜予選も大将戦で私が役目を果たせず全国切符を逃しました。完全にプレッシャーに負けた瞬間でした。初めて剣道を辞めたい、逃げたい、怖い……。そんな事を思っていた時期でした。

そんな時、稽古の中でこんな事がありました。吉本先生が稽古に来られていた時の事、吉本先生が佐伯先生の剣道を私達の前で叱ってらっしゃいました。佐伯先生は吉本先生の教え子でもありますが、私達にとっては監督でもありました。その先生を生徒である私達の前でよく叱っていらっしゃいました。

その当時、佐伯先生は30代前半で吉本先生が20数年間という長きに渡って築き上げられた高千穂剣道を継ぐという、大きな大きな重責を抱えてらっしゃったと思います。

また、まだ小学校低学年の2人と1才の幼い子供が3人いらっしゃいました。奥様の小百合さんも自宅に作った寮のお世話で大変だったと思います。

佐伯先生も相当のプレッシャーを抱えてらっしゃったに違いありません。涙を流されている事も何度となく見た事があります。そんな先生を見ていて私達は「佐伯先生を絶対に日本一の監督にしよう」と目標を掲げ、仲間皆で団結してインターハイ優勝を目指しました。

九州大会3位、玉竜旗2位 インターハイは優勝するしかない

いよいよ高校生最後の年となり、厳しい県予選を勝ち取り、インターハイ出場を決めました。夏のインターハイまでには、九州大会、玉龍旗が控えており、その大切な試合前、いつにも増して激しい稽古が行われていた時の事、私は両足の太ももを肉離れしてしまいました。

九州大会まで1週間少しと迫っていた時期だったと思います。高校最後の夏、一時は落ち込み焦りましたが、もうここまで来たら自分のやってきた道のりを信じるしかない、信じきろう……そう腹がくくれた瞬間でした。

それから、稽古が出来ない状態で九州大会を迎え団体で3位、続く玉龍旗では一試合毎に足を冷やしながらガチガチにテーピングをして出場し、何とか決勝まで勝ち進みました。相手は宿敵、阿蘇高校、相手は1年生の頃からずっと戦ってきた興梠選手、大将同士の対戦となり、私が負けて準優勝でした。

そして迎えた京都インターハイ、夏の大きな大会を3位、準優勝と1つずつ順位を上げていた私達です。きっといける！　いこう！　と良い風は吹くはずだと信じていました。

しかし、最後のインターハイという事で緊張してしまい皆、予選リーグから本来の力が出しきれずにいる状態でした。それでも何とかギリギリで予選リーグを突破、決勝トーナメントでも手に汗握る接戦ばかりで、ギリギリに勝ち上がっていきました。

そして、とうとう決勝戦まで上がる事が出来ました。

その時、佐伯先生からメンバー交代の指示が出て、決勝戦へ向けて、控えに回っていた選手とアップをしていた時の事です。その選手が急に倒れました。慌てて駆け寄ると、ふくらはぎの肉離れを起こしてしまったのです。そのアクシデントが逆に皆の心を1つにしました。苦楽を共にしてきた大切な仲間のために何としても阿蘇高校を倒して、皆で日本一になろう！　佐伯先生を日本一の監督にしよう！　と誓いました。

やはり決勝戦は阿蘇 劇的な代表戦を制すまで

そして迎えた決勝戦前、チームの仲間達には「ここまで来たらどんな苦しい場面が来ても最後の最後まで諦める事なく高千穂剣道をやり抜こう」「どんな結果が出ても最後は笑顔で締めくくろう！」と誓い、決勝戦に挑みました。

インターハイ決勝、面を決める筆者（旧姓萩原）

対戦相手はここでもやはり宿敵、阿蘇高校、そして私の相手は1年の時から、なかなか勝つ事の出来なかった興梠選手でした。前評判でも、それまでの試合結果でもやはり阿蘇高校の方が力はありました。でも、勝負はやってみなくてはわかりません。

先鋒から中堅までは引き分け、動いたのは副将戦でした。この大会で個人優勝を果たしていた阿蘇高校の福永選手は絶好調で副将戦を阿蘇高校に取られました。そして迎えた大将戦、絶対に勝たなくてはいけない絶体絶命の場面でした。

試合序盤、興梠選手が得意の引き面を放ちました。今、ビデオで見ても旗が上がってもおかしくない引き面なのですが旗は一本も上がりませんでした。その時に、私の中で「今日は勝てる！いける」と感じた事を鮮明に覚えています。それが何だったのか今になってもわかりません。そして、私が先に面を一本先取し、このまま代表戦か……。しかし、実力者の興梠選手、そう簡単には勝たせてくれる事はなく、一本取り返されます。そこで時間となり延長戦へ……。さらに時間も終盤に差し掛かった時、興梠選手がこちらの誘いに小手を打ってきたところを相小手面で代表戦になりました。

代表戦は「絶対に私が出るんだ！」と思っていたので、大将戦が終わった時点でそのまま面を外す事なく佐伯先生の元へ行きました。気持ちが高ぶっていて佐伯先生から何を言われたかは覚えていませんが、佐伯先生の声が震えていて涙を浮かべていた事だけは覚えています。

代表戦は大将戦でも戦った興梠選手でした。会場は大変盛り上がっていました。試合開始……。気が十分に満ち溢れてくるのを感じました。興梠選手の呼吸が乱れているのも感じられ、思うように技が出せない興梠選手の苛立ちも感じ取れました。

緊迫した時間が続き、延長2回目の中盤、興梠選手が出てくる瞬間、体が自然と動き、今までの道のりを全て出し切ったようなまっすぐな面を放てました。

「面あり！」

「勝負あり！」

「高千穂高校逆転優勝！」

会場から響めきと歓声と割れんばかりの拍手があったのを今でも鮮明に覚えています。

代表戦を制して、コートを後にした私の後ろには、抱き合って泣いている仲間、そして顔を真っ赤にして泣いている佐伯先生がいました。こうして私のインターハイは生涯忘れる事のない感動で幕を下ろしました。

私は現在、大阪府泉大津市にある穴師剣道会の剣道指導者として、剣道界の未来を担う少年少女剣士の育成に関わらせて頂いています。高千穂高校で学ばせて頂いた事を私というフィルターを通して子供達へ伝えていく事でいつまでも吉本先生が私の中で生き続けて下さると思っています。それが私を育てて下さった方々への恩返しであり、使命です。

これからも野口先生始め、高千穂高校剣道部の更なる御発展とご活躍を心よりお祈り致しております。

朝から晩まで剣道漬け
日本一をめざして稽古をした日々

迫　美樹
（平成18年・愛知県警察）

高千穂といえば追い込み稽古が頭をよぎる。追い込みに始まり、追い込みに終わる稽古が当たり前で、中でも名物メニューが約25メートルの距離の「5往復の切り返し」である。佐伯先生次第で回数が変わり、多いときには5セットくらい行った覚えがある。1人余りがでると、「1回休める！」と思いたいがそう甘くはない。相手なしで1人追い込みをするのが暗黙の了解であった。朝稽古を毎日行い、追い込み稽古を1時間して終わったこともある。佐伯先生は、普段は優しく父のようであるが、道場に入ると鬼のような存在だった。先生と直接話すことはとてもできず、剣道日誌を通じてコミュニケーションをとっていた。

高千穂高校の寮は、寝室・勉強部屋・共用スペースに分かれた大部屋で大家族のような生活だった。この大家族を支えていたのが小百合さん（佐伯先生の奥様）と保護者の方々である。小百合さんは、寮生の弁当を毎日作り、学校まで届けてくれた。保護者の方々は遠征、大会、学校行事等のたびに沢山の料理を作ってきてくれた。また距離、時間に関係なくバスの運転などもしてくれ、周りの方々の理解と協力があったからこそ高千穂高校剣道部は強くなれたのだと思う。本当に感謝している。

私が1年生のときが高千穂高校の黄金期であり、全国選抜大会、玉竜旗大会、インターハイ、国体と全ての大会で優勝した偉大な先輩方がいた。道場での上下関係は厳しかったが、寮に帰れば妹のように可愛がってくれて、本当に尊敬できる先輩方であった。

先輩方が卒業したあと、周囲の期待に応えられない時期が続いた。分かっていたつもりであるが、改めて先輩方の築き上げた功績の大きさを知った。そんな時期に野口先生が赴任して来られた。野口先生は当時二十五歳で、直接相談もしやすく何度も助けていただいた。野口先生にご指導を頂くようになり「攻め」について研究するようになった。この時期に私の剣道が変わったような気がする。

野口先生が来られて、初めて立てた全国大会の決勝の舞台が、全国高校選抜大会であった。決勝の相手は八代白百合学園高校。結果は1対0で敗れ準優勝となった。悔しい気持ちと嬉しい気持ちと複雑な心境の中で、全国大会の決勝まで勝ち上がれる力がついたことを確認できた。それからチーム全体の意識も高まり、朝稽古の前に自主練習をしたり、夕食後もトレーニングを行うようになった。朝から晩まで剣道漬けの毎日であった。

2年、3年生の成績は九州選抜大会、全国高校選抜大会、玉竜旗大会、九州大会すべて準優勝。そこで付けられた呼び名は「シルバーコレクター」である。何とも言えない気持ちだった。3年生最後のインターハイは、ベスト16で終わった。他校には負けないくらい稽古を積んだ自信はあったが、これだけ稽古をしても勝てないのかと思った。

佐伯先生は試合に負けるとよく「日頃の行いが悪いから」と言われていた。当時は理解できなかったが、歳を重ねると気づかされることも多い。私自身高校では日本一になれなかったが、高校3年間で学んだことや経験したことは卒業してからも生かされている。

高千穂高校に進学して本当に良かった。ともに切磋琢磨した同級生との出会いは、一生の財産である。そして今年、私たちが叶えられなかった「インターハイ優勝」を後輩が達成してくれたことを自分のことのように嬉しく思う。

結びに、伝統ある高千穂高校剣道部の更なる発展を後輩に託したい。

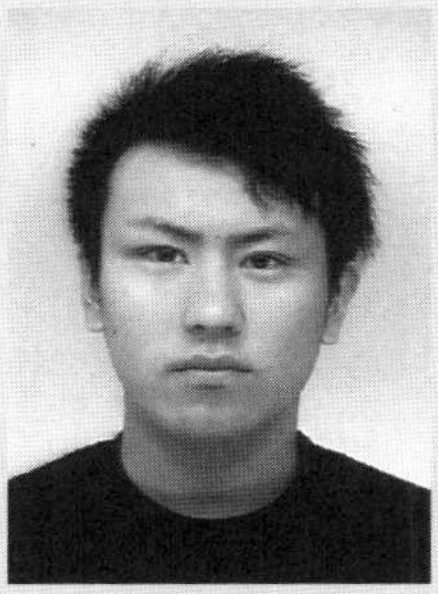

全国選抜予選まさかの敗戦　何が必要なのかが明確になった

初田　彪
（平成26年・筑波大学）

高千穂高校に入り、1年生のときは稽古に必死についていくことが精一杯で、日々の生活も初めての寮生活だったので精神的にも身体的にもきつかったです。そんななかでも監督の佐伯浩美先生はすべてのことを中途半端にせず、一つ一つのことをミスなく正確にこなしていくことが大切と常に言われていました。

剣道の稽古だけではなく、人間性が剣道で勝つために必要だという考え方をあたえってくれた先生だったことを覚えています。

2年、3年生からは佐伯先生が異動となり、野口貴志先生の指導となりました。野口先生は一人一人の特徴を理解して、それぞれに合った指導をされていたと感じていました。自分は野口先生から剣道の技術や考え方が大きく影響されており、今の自分の剣道スタイルがあるのも先生の影響だと思っています。

佐伯先生も野口先生も常に生徒のことをかんがえ、日本一にさせるために自分の時間を削りながら尽力された素晴らしい先生方だったという思い出があります。

高校での試合の思い出は1年時の全国高校選抜予選です。自分は大将をまかされていたのですが、決勝の大将戦でこれまでにないくらいのプレッシャーに襲われ、頭が初めて真っ白になったのを覚えています。結局試合には自分が負けてチームの敗戦が決まり、全国大会に出ることができませんでした。しかし、自分の中で何が足りなくて、これから何が必要かということが明確になって今の剣道の考え方につながった試合でした。今の結果を出せるようになったのもこの試合がずっと自分の中にあり、その思いが自分を奮い立たせています。

試合のないときが本当の勝負ですよ。そしてその結果が夏に出るんです。

監督—その人間像を探る

剛気溢れる情熱家

宮崎県立高千穂高　**吉本政美監督**

撮影＝徳江正之

高千穂高校剣道部を日本一の剣道部に育てたのは故吉本政美氏である。その情熱はいまも教え子たちに語り継がれているが、本誌1985年11月号掲載の記事を再録する。

「勝つときはあれだけ苦労しながら……、アッケないものですね、負けてみると。そういった経験を何度もしないと、なかなか日本一にはなれないですね」。今年の九州選抜、魁星旗、さらに九州大会を制し、インターハイでも実力的にみて優勝候補の筆頭と目されていた高千穂高・吉本監督の決勝戦終了後の弁である。そのチーム力は自他ともに認めるところだっただけに、土壇場にきて躓いてしまった口惜しさは人一倍だろう。

人間誰しも負けたときは悔しい。しかし失敗は明日への糧。実際に勝った時の経験なんていうのはあまり役に立たないものだ。それは一時の喜びに感動を覚えるだけですぐに忘れ去ってしまう。逆に負けたときの悔しさは絶対に忘れないもの。それも守って負けたときのことなどはとくに……。その時、指導者は同じ失敗は二度と繰り返さないと肝に銘じる。悔恨悔恨のない人生など人生の名に値しない。

吉本監督は素早く気分転換を図り、新たに気合を入れ直しているように見えた。

全国に通用するチーム作り

吉本監督が母校である高千穂高に赴任したのは46年。ということは、今年でちょうど教員生活15年目になる。その間、インターハイ準優勝2回、3位2回。まだ優勝は1度もないが、その人間性と卓越した指導能力、さらに自己の生活をかけてまでのほとばしる情熱は並々ならぬもので、高校剣道の次代を担う名監督との評判が高い。

しかし、今でこそその高千穂の名を全国でトップクラスに位置づけた吉本監督だが、そのスタート時は決して安易なものではなかった。赴任当時の学内は風紀が乱れ、荒れ果てた状態。そんなもとで剣道部監督になったのである。吉本監督はいう。

「32年に玉竜旗で優勝したりして、一時期、第一期の黄金時代があったんです。が、それからずーっと落ちる一方で……。学校自体がそんな状況だったから、当然、剣道に対する意識も低い……、まず日頃の生活態度からきちんとさせることの方が大変で、もう生徒との戦いという感じでしたね」

そんな状況下にあった剣道部が、吉本監督指導のもと3年目でなんと宮崎県総体で優勝（48年）をさらったものだから周囲はビックリ。「今、考えるとおかしいんですが、県で優勝したくらいで町内のパレードをしたくらいです（笑）。しかし、インターハイでは男女とも無残にもリーグ戦負けでした。私自身がそれに出場したわけでもないし……、だから行ってみてビックリすると同時に、不可能でもないなぁという空気とうちとのギャップっていうか、随分時間がかかるなぁということを考えて、これから3年間で本格的なチームを作ろうと取りかかったんです」

監督としての全国へのデビューは女子の方が早く、48年から4年連続インターハイ出場。また、九州大会で2度、さらに玉竜旗大会をも制覇した。その間、男子はというと、県内ではいつも2

よしもと・まさみ／昭和23年4月22日宮崎県西臼杵郡高千穂町出身。高千穂高―中京大学体育学部体育学科卒（46年）。大学在学中は愛知県スポーツ会館で稽古に励む。卒業後は体育教師として母校である高千穂高に赴任、と同時に剣道部監督にも就任する。インターハイ優勝（昭和61年男女。平成3年男子）、玉竜旗優勝4回（男子3回、女子1回）など同校を全国屈指の強豪校に育てる。平成7年、高千穂高校を離れる。平成8年、剣道八段合格。平成11年3月30日、すい臓癌のため逝去、50歳。

位、3位であと一歩の成績が続いた。が、県外にでれば、ベスト16から8を狙える自信はあった。というのは、県内ではまだまだ有効打突に対するレベルが低かったのである。具体的に言えば、しっかりしたメンをとらずにその前に軽く当たったコテをとるという具合だった。しかしそれでは全国に出たときに通用しない。吉本監督はたとえ勝てなくてもその指導方針だけは曲げなかった。うちが代表でいったときはよそがあげられない成績をあげるんだとずっと空念仏のように唱えていたという。優勝してもいいチーム、周囲の誰もが優勝させてやりたいと思うようなチーム作りに励んだ。

そうして53年、念願の2度目の優勝を果たし、堂々、3位に入賞。準決勝では優勝したPL学園と大接戦を演じての入賞だけに価値があった。と同時に、吉本監督は全国へ羽ばたいていける手応えをしっかりと感じとっていた。そしてその後は県代表として出場すれば、ほとんど上位入賞。県内での信用も徐々に定着し、逆に高千穂の剣道を基準にやればいけるという気運が高まった。そうなれば、当然、宮崎県のレベルもグーンとアップ。その意味で吉本監督が率いる高千穂剣道部の果たした役割は大きい。

「出場校こそ45～46校ですが、今では熊本とか鹿児島の予選と比べてみても引けをとらないくらいです。また運営面にも神経をとがらせ、全国大会に一番近づいた方法をとっているから、そこに出ていったときが楽ですよ」と胸を張る。

相手の長所を探せ

孔子は「四十にして惑わず」といった。そんな中でまだ四十に満たない吉本監督も指導に対する考え方について試行錯誤を繰り返している。とにかく心配性で根っから休めないタイプ。「ゆっくり剣道から離れてみたい、生徒がいないところでのんびりと温泉にでも入りたいと思うけど、そんな日が半日も続いたら逆に息苦しくなってしまいます（笑）」というくらい高校剣道にかける情熱は底知れない。吉本監督はさらに熱っぽい口調で語る。

「最近よく考えるんですが、人を認めないと勝てないというか、反発してるだけじゃ成功しないなぁと思うようになってきました。若い頃はとにかくガムシャラに……、余裕もなかったんでしょう。相手の欠点を見つけて、そこを衝いていこうということばかり考えてましたが、いよいよ肩を並べるところまで来始めたものですから、逆に相手のいいところはどこなのかという長所を冷静に見極める。悪いところを探すより、いいところを探した方が意外にうまくいくんじゃないかなぁと感じるようになりました」

これはチームの技術的な特徴とともに、指導者である相手の人間性をも追求するということだ。その上で自分の性格的特徴を反映させ、生徒にしみ込ませていくことが大事。「ハイ、ハイと右から左へ聞き流してるだけでは、やっぱり試合もまかせられません。僕らが求めていることを本当にその通りだなぁとかみしめてくれているときには、やはりいい成績をあげてくれていますね」

試合になれば、相対するものには常に全力を尽くす。ポカをしたらダメだ。ポカというのは相手を見下すから起こりうるもの。この考えを前提に、まず相手のいいところを探す。欠点を探してはダメだ。いいところを探せ。そうして相手のいいところを見きわめた上で、それがでないような試合内容であれば、悪いところは自然に体がついていく。いいかえれば、正面から堂堂とわたりあう。これが高千穂の剣道だ。

さらにこれをもう少し具体的に知るには、先に述べた吉本監督その人の性格的特徴を把握しておかなければならない。

「性格的には攻撃型ですね。相手を引き出したり、押さえたり、読んだりっていうのは嫌いなんです。相手を攻めたてて崩れたところを打つ。結局、主導権を握るのが剣道であって、後の先というのはあまり好きじゃないんですよ。自分が攻めていくと相手がそれに対して、どう対処しようかと思うなら、その裏をかいてまた攻める。入っていける地力、そして崩していける人間と崩していける地力。そこまで無理にしたら危険だと思うのは剣道の妙味であっていいと思います。退くのもいい、抜くのもいい……、しかしその退いたり抜いたりする基本は出ていく力があるんだから成功するんだと思います」

ところがその考え方も最近はまた変わってきたという。とにかく体が前に出なければ気がすまなかったのが、今は心が前に出ていれば、体は退いてもいいのではと考えるようになってきたという。

昭和60年取材時、部員は男子20名、女子11名だった

そしてその性格的特徴が反映されたものが高千穂の剣風とあいなるわけである。それを技術的に分析すると、まず中心が強いということに大きな特徴が見られる。縦の線が強く、それは相手に恐怖感さえ与えるほどで、メン技に破壊力がある。そしてその中心が強い利点を活かした変化の攻防。相手がその中心を壊したいから横に振れる、するとこちらが変化して打つということだ。中心のない変化なんて変剣でしかない。中心という基本が底力にあって、それを活かしつつ相手がいやがっているときには柔軟な考えで横に振ればいい。果たしてそれが吉本監督の理想とする剣道である。

怒鳴る、怒る、する、させる

現在、部員（41名）の約半数の23名は、学区外からの越境入学者だ。これは即、吉本監督の人柄がそうさせることを物語っている。そしてそれらの部員たちはすべて監督宅に下宿。そこには生活をかけてまで剣道に取り組んでいる姿勢が窺える。九州にはこれが自分の人生だという熱心な、いや熱心なという形容ではまだ物足りないくらいの指導者がたくさんいるという。吉本監督もその口で、その意味では他の誰にも負けないという自負がある。

「試合ではときどき負けるかもしれません。しかし剣道以外にあれもしたい、これもしたいというようでは、どんなに強い選手を育てても、その全体の流れとして考えてみた場合、九州は追い越

学区外から来た部員は吉本監督宅に下宿していた

取材時、主将の山下克久選手は筑波大学に進学、教員となり、今年5月八段に昇段した。現在、吉本氏の教え子で八段に11名が昇段している

せない」と忌憚なく話す。

「まだ全国で優勝したことがないから大きなことは言えませんが、せめて県内では3年に一度、そして全国では10年に一度は勝ちたいですね」

インターハイには48校が出場する。すると確率的には48年に1回勝てば妥当。しかし、吉本監督は自己の生活をすべてつぎ込むほどに高校生指導にかけている。10年に1回は全国で上位に喰い込みたい、いや喰い込んでもいいんじゃないかという考え方がある。

「特別にいきり立ってるわけではないんです。前は勝ちたくてどうしようもなかったんですけど、だんだん勝てるチームができ上がってくると、そんな考えも必要なくなってしまいました」。結局、その努力を認めるか認めないかは第三者の評価に委ねればいいという考えに落ち着いたようだ。それは前述したような周囲が優勝させてやりたいと思うようなチーム作りということだろう。

そう言わせるからには、当然、稽古も厳しく、激しい。

「怒鳴る、怒る、する、させる……、もう気に入るまで……。妥協しないっていうか、覚えるまでさせる。憎まれようが、どう思われようが、絞って、絞って、絞り上げる。骨惜しみをするなというんです」

さらにこう続ける。「試合のないときが本当の勝負ですよ」と。

真冬の早朝、雪のシンシンと降る真っ暗な道。坊主頭にタオルを巻き、その上から学生帽をかぶった生徒が白い息を吐きながら、サクサクと静かな音をたてて歩いていく。真冬の朝稽古ほどつらいものはない。しかしその時こそ勝負なのである。試合に一番遠い頃の厳しく激しい稽古こそ……。そしてその結果が夏にでる。

「朝稽古は平日のみで、一応、7時から8時ってことになっています。が、7時というのは打ち返しのはじまる時間で、実質的には6時にはもう素振りが始まっています。とくに冬場は怪我が起こり易いから、早めにいって準備運動させて、そして素振りを500本くらい振らせるから、結局、稽古は6時半から始まることになるんです。この朝の部分で実績の遅れを取り戻す。よく2時間から2時間半の稽古で中味の濃い稽古をすると他の一流校の方は言われますが、うちあたりがそんな稽古をやったって絶対に追いつきませんよ。1年生のうちはもうヨタヨタ、2年生でやっと格好がついてくるんですからね」

もちろんその間中、吉本監督はつきっきりで指導する。「自分が努力している姿を見ていてくれる人がいなければ張り合いがないですから……」。こう言わしめる言葉の裏には生徒と監督がともに前向きな姿勢で取り組んでいるんだという自信さえ窺える。

この豊富な練習量とその中味の充実に加え、下級生にはできるだけ全国大会を見る機会を与えてやっている。緊迫した試合を息を呑んで見ることも上達する一つの要素。他の一流校といわれる高校に追いつくには、つめ込み式だが、中学校までのマイナス分はこんなところで補っている。

苦難の青春時代

吉本監督がこれほどまでに剣道に情熱を注ぐ訳はいったい何だろう。それを知るには中・高さらに大学時代にまで遡らなければならない。吉本監督は小学校のときに父親を亡くし、幼少時代を母子家庭の環境の中に育った。当然、生活は楽ではなく、中学校を卒業したら就職するつもりでいたという。ところが高校くらい出た方がいいというある人の勧めで奨学金などを受けながら進学することを決意。そしてちょうどその頃、一つの転機が訪れた。

「高2の頃に自我の目ざめっていいますか、自分はどういうふうな人間か考え始めたんです。それまでは自分の目から他人を批判して見ていたけど、果たして他人の目からは自分がどう見えるんだろうかと考えましてね……。その頃、僕はいつも親に三日坊主っていわれたり、周りの人にも我儘だっていわれたりしてたんです。ところがそんな僕でも続いたものがあって、それが日記をつけることと剣道だったわけです。本当いうと剣道は嫌いだったんです。勝つ喜びを味わったこともありませんし……。周りに恐い先生や先輩がいてやめたくてもやめられなかったというのが本音でした。何度やめようと思ったかわかりません。しかし気がついたら苦しかったけども続いていた。自ら進んでやったわけじゃないけれども、そういういろんな人の協力のおかげで自分は一つのことをやり遂げている。それでこれだけは一生やっていこうと思ったんです」

己の生き方を模索し、それに対する迷いからフッ切れた時、人間はひとまわりもふたまわりも強くなる。自分が情熱を注ぐべき対象をこの時、吉本監督は発見した。当時、スポーツ万能だった吉本監督は、その素質を伸ばせ、努力次第でなんとでもなるという教師の助言もあり、さらに大学進学を決めた。中京大に進み、教員の道を目指した。

もちろん当初は剣道部に入部するつもりでいた。ところが、それよりなによりまず生活費をつくることの方が吉本監督にとっては先決。とにかくアルバイトの方が優先してしまうという状況だった。

「結局、とても僕みたいな環境にあるものがやり通せるクラブじゃないと思って断念しました。教員になってから一所懸命やろうと考えたんです。ただ稽古は休みたくないと思って、毎日、愛知県スポーツ会館の道場に通ってました。すると幸いにも警察の先生方や県の八段の先生方がみえられていたのでいい稽古は見られたと思います。しかし稽古の量からすれば、大学生の3分の1くらいだったでしょうね」

学校とアルバイトと剣道というサイクルでの生活……。思う存分に稽古できない苛立ち。それは剣道に飢えていたといっても過言ではないほどだ。

「剣道にしがみついて離れなかったのと飽きるほどにやった人より、剣道のありがたみ、稽古のありがたみがこの4年間で培われた気がしますね」

だから教師になってからはその不足分を取り返そうと数年はとことん剣道に打ち込んだ。

「そうですね。10年くらいは生徒以上に稽古してました。そうして大会にも出始めて、いろんな先生方にかかっていったプラス分と無駄な稽古のようにみえても練り上げていないマイナス分があって、今やっと埋め合わせができた頃でしょうかね。ひょっとしたらまだ足らないところがかなりあるのではと思いますが、剣道というのは私たちの年齢ですばらしい実績を収めた人とわたり合っても、面と小手と胴と突しかないし、真っすぐしっかりした考えで取り組んでいれば、そう簡単に負けるということもないと思います」

恐るに足らず、しかし侮らず

ところが弱い人に対して、ちょっとでも甘くみれば、逆に打たれてしまうのが剣道。前述したように相手を必要以上に大きく見過ぎてもいけないし、だけども見下してもいけない。〝恐るに足らず、しかし侮らず〟。誰でも一所懸命に努力している。面と小手と胴と突をなんとか決めようと挑んできている。こっちもなんとかしたい。だからなにも2―0で勝とうなどという欲を出してはダメだ。そのために三本勝負というのがあるんだから、一本与えるうちに二本取れるような戦いをするのが本当の実力者だといっているという。しかし、いざ勝負となるとなかなか理想通りにいかないのが剣道その他のスポーツの競技としてのおもしろさ。

昨年のインターハイでは竹中栄一クン（当時2年生）が個人優勝を飾った。このときの決勝戦、対するは強豪八代東の稲本選手だった。この対戦を例に引き出して吉本監督はこう語る。

「相手にしてみれば、勝てるということと簡単にはいかないという気持ち、逆にこちらにしてみれば、分が悪いということと思い切っていこうという気持ち。心理的には五分と五分です。ラスト1分に持ち込めば安易には攻められなくなる。一本とられたら一本負け。こっちにしてみれば一本打てば勝つと。延長に持ち込んでも結果は同じだから、前3分までにせり合った形になればチャンスはあるなぁと思ってたら案の定……。延長2回、出合い頭のメンでしたね。ああいうせった状態になったらもうタイミングですからね。度胸の強い者同士になったら、無意識の技がでないと……。意識的にあー崩して、こう崩していこうと思ったって、お互い手の内を知っているからなかなか打たせないですよ」

稽古のときは栄光にこだわってそれを追い求めていい。しかしいざ試合になったら、それを忘れるような心境で臨まないといい結果は生まれない。

「だから試合前にへんに試合から逃れた気分転換めいたことは言わないし、だからといって勝て勝て、絶対勝つぞということも言いません。そんなこといったって勝てるもんじゃありませんしね」

実際には勝たなければ、人も注目しないし、生徒もやる気が起こらない。高校生である程度勝つ力がなければ、いくら将来性、将来性といっても、それだけで終わってしまうこともありうる。もちろんその根底は勝つ気でやることが大事。その勝ち方に意味があるのだ。

「仮にインターハイなら、強豪ばかり集まっている中で一番になろうなんて大袈裟なことは考えるな。剣道と離れたところで勝負してはダメだ。ただ目の前の相手と剣道をしろ。ここは攻めるべきだ、弱気じゃいけない。ここは無理しちゃいけない、我慢のときだということだけ考えてやればいい。無心になれというのはおまえたちには無理だ。俺もなれない。相手と耐えて我慢するところに剣道の楽しさがある。欲と勝負してもダメです。剣道をしなきゃ。これはもう口癖になっています。試合というのは試し合いですからね」。当方、次から次へと発せられる言葉にすべてうなずくばかり。それほど吉本監督の言葉には説得力がある。

稽古では骨惜しみをしない、そして試合になれば辛抱。これが現在、吉本監督が理想としている指導方針の二本柱である。

奈良大学附属高校〔奈良〕

奈良県の強豪として名を馳せた正強高校が、奈良大学附属高校として生まれ変わったのは今から20年前のこと。現在まで40年以上にわたりインターハイに連続出場を果たしている同校は、4年前よりOBの森本大介監督が指揮を執る。「毎年日本一を目指して稽古に取り組んでいる。やれるなら今年にでも、その目標を達成したい」。強い気持ちで稽古に取り組む同校の日常を追った——。

伝統の継承と強き志で日本一への挑戦を続ける

森本大介

奈良大学附属高校監督

もりもと・だいすけ／昭和53年生まれ、奈良県出身。平成6年に正強高校に入学する。平成8年、正強高校が奈良大学附属高校に改称。卒業後、関西外国語大学を経て大阪体育大学で体育教師の免許を取得する。奈良県や大阪府での教員生活を経験し、母校である奈良大学附属高校に赴任する。剣道部にはコーチとして長年にわたって携わり、平成26年より監督就任。現在は男女とも指導にあたり、正強、奈良大附属を通してまだ手にしていない日本一を目指して指導に取り組んでいる

日本一を目指さない監督の下で日本一は生まれない。

歴史の教科書でなじみのある奈良時代の都「平城京」からほど近くに、奈良大学附属高校はある。古くから高校剣道に親しんでいる者にとっては、正強高校と言った方が、通りが良いかもしれない。

奈良大学附属高校の前身である正強高校は、その名を全国に知られる存在だった。昭和59年の秋田インターハイ、平成元年の香川インターハイで2位入賞と、日本一に目前まで迫っている。以降も全国大会への出場は続き、現在に至るまでインターハイには男女含めて42年連続出場。奈良県では同校が頭一つ、いや、それ以上抜けていると言っても過言ではない。

そんな強豪校の門を平成6年に叩いたのが、現在監督を務める森本大介氏である。その当時、正強高校を率いていたのは山本恭寿監督。指導の厳しさは全国でも有名だった。

「強豪校として有名な正強高校に入学しましたが、当時の私たちは偉大な先生・先輩方とくらべると本当に弱かったので、ひたすらやるべきことをこなす日々でした。まわりを見る余裕もなかったですし、山本先生には厳しく指導されることが多かったです」

いわゆる〝熱血漢〟を地で行く山本監督は、休日になると部員をワゴン車やバスに乗せて日本全国の高校をまわった。週末の道場に剣道部員の影はなく、その気勢は関東や九州で響いていた。

「遠征の数は全国でも屈指の多さだったと思います。今振り返れば、いろんな場所に連れて行っていただいて、多くの仲間に出会うことができ、かけがえのない経験をさせていただいたと思いま

女子の伝統として、徒歩通学の部員は通学路のゴミを拾いながら登校する(右)。前身である南都正強中学は大正14年に創設。平成８年に正強高校から奈良大学附属高校へと校名を改称し、昨年同校は創立90周年を迎えた(中)。道場に飾られた胴と「正強高」と書かれたうちわに当時のなごりを残す(左)

構えを崩さず、攻め勝って打つのが奈良大附属のスタイル。稽古内容もオーソドックスなものが多いが、所々に遠征を繰り返すなかで得られたメニューを取り入れている

す」

今では全国でも指折りの錬成会となった同校主催による「若草錬成大会」も、この当時に創設されたものである。現在では数多くの強豪校がゴールデンウィークになると同校に集結し、ともに剣を磨いている。

森本氏は在学中、全国で大きな結果を残すことができなかったが、関西外国語大で英語教員の免許を、大阪体育大で体育教員の免許を取得し、縁あって母校に戻る機会を得た。恩師の下でコーチとして剣道部に携わることになったのである。

「私の役目は、山本先生が言わんとしていることを噛み砕いて、生徒に伝えることでした。10年以上、コーチとして指導に携わらせていただいた経験は、今、監督を務める上での土台となっています」

母校に戻った当初は、いずれ監督を務めたいという気持ちはあっても、実際に自分が監督席に座っている姿は想像ができなかった。コーチとして年々、高校剣道に深く入り込んでいくに連れ、今の剣道観が確立されていった。

そして今から4年前、山本監督の退職により、森本氏に監督の座がまわってきた。それまで奈良大学附属高校剣道部は男子部と女子部に分かれていたが、女子部の監督も前年に退職していたこともあり、森本氏が男女ともに剣道部を受け持つことになった。

森本監督は山本監督の想いを受け継ぐかたちで、道場での稽古は基礎基本に忠実に、週末になればバスのハンドルを握って強豪校の門を叩く生活を続けている。

「遠征の多さは本校の大きな魅力だと思っています。遠征を重ねることは技術的な成長はもちろん、人と人とのつながりをつくり出すことができます。これは将来、社会に出たときに大きな財産になると信じています」

剣道が強くなるにはコツコツと稽古を重ねるしかない、と森本監督。その地道な積み重ねが実を結び、今年3月に開催された高校選抜では男子団体で3位入賞を果たした。森本監督下では初の全国大会（高校選抜およびインターハイ）団体入賞であり、奈良大附属としても平成元年のインハイ入賞以来の快挙となった。しかし、森本監督の表情に満足感は微塵もない。

「長年ベスト8でとどまることが多かったので3位という結果は喜ばしいことですが、我々は毎年日本一を目指して取り組んでいるので、そういった意味では悔しい部分もあります」

奈良大附属の強さの源はどこにあるのかという質問を森本監督にぶつけてみると、〝想い〟という答えが返ってきた。

「まじめに一生懸命稽古や試合に取り組むのは当たり前の話。そこでつまづいていたら日本一は目指せません。〝主体変容〟という言葉がありますが、自分を知り、自分を変えていくことによって、まわりにも変化をもたらす。部員一人ひとりが自立して目標に向かって本気になることで、チームとして日本一に向かっていけるのだと思います」

いつまでに日本一という目標を達成したいかという問いには「できるなら今年にでも」と即座に答えた森本監督。

「日本一を目指さない監督の下で日本一は生まれない。私もつねに日本一を目指して、生徒ともに進んでいきたいと思います」

正強高校時代に使用されていた試合用の胴。胴台には『晋書』にある故事「蛍雪の功」を由来とする蛍と雪のマークがあしらわれている（上）。現在の奈良大附属高校が使用している胴は、胴台の中央に奈良大学の校章が刻まれている（下）

ラダー&足さばき

木刀を構えて行なうラダー、足さばきは左足と踏み込み足を意識

授業終了後の15時40分から練習がスタート。道着袴に着替えたら、胴と垂れを着けてラダーがはじまる。一般的なラダーは何も持たずに行なうが、奈良大附属では木刀を使用して、すべての動作を構えながら行なうようにしている。

「ラダートレーニングに関しては、最初は否定的でしたが、ここ2、3年結果がついてこなかったこともあって、少し稽古に変化をもたらすためにはじめました。効果がなければやめようと考えていたのですが、敏捷性を高めたり、稽古前のウォーミングアップとして適していると感じたので続けています」

森本監督からは、「一定のリズムで行ない止まらないように」「正面を見て構えを崩さないように」などの注意が飛んでいた。

ラダーの後は、道場を縦に使用して足さばきの稽古がはじまった。左足に体重を乗せてゆっくりとすり足を行なうなど、左足を意識した足さばきの種類が多いのが印象的だった。円を描くようなさばきや、腰割素振りをしながら前進するもの、踏み込みを意識したものなど、数多くの種類をじっくり時間をかけて行なっていた。

「足さばきはすべての基本だと思います。足ができてこそ、試合がうまくなる。私はよく間合の重要性を子どもたちに伝えるのですが、その間合をつくり出すのは足です。とくに左足と踏み込み足は大事にしています」

切り返し&基本稽古

刃筋を意識して連続で行なう切り返し
基本稽古では技のかたちを確認する

足さばきが終了するまで1時間弱。その後は少しの休憩を挟んで、切り返しがはじまった。森本監督の「四種切り返し」というかけ声で一斉にスタート。四種とは、すり足で実際に面を打つものと、元立ちが竹刀で受けるもの、通常の動きで実際に面を打つものと、同じように元立ちが竹刀で受けるもので四種類。すべてを連続で行ない、掛かり手が面を打って抜けたところで、元立ちが追い込んで面を打つ。これが一連の流れだった。

続けて「三種切り返し」は、すり足で左右胴を打つものと、その場で左右胴を打つもの、そして通常の動きで左右胴を打つもので三種類。この後は、面と胴を交互に打つ切り返しが行なわれた。

「切り返しを四種や三種で行なうのは時間短縮の意味もありますが、しっかりと刃筋を意識させたいという意図もあります。通常の切り返しだけだと雑になりがちですから、最初にゆっくり刃筋を通して打たせるようにしています」

切り返しを終えた後は、諸手突き連続五本からの面打ちを行ない基本稽古に移行。「小手→面→胴→突き→逆胴」と、一つひとつを区切ることなく一連の流れで行なっていた。

「基本稽古の内容は日によって変えるようにしています。メニューが多いので基本的には一回ずつ。技のかたちを確認することに意識を置いています」

技の練習

攻めのパターンを工夫して打つ。確実に一本にするための三つの音

基本稽古で面や小手のかたちを覚えたのちは、応用として技の練習に入った。打突部位である小手、面、胴、突きそれぞれにおいて、自分で工夫しながら違った攻め口で打っていく。

「基本稽古でも小手打ちや面打ちは行ないますが、試合ではただまっすぐに技を出してもなかなか一本にはなりません。一本にするためには技を出すまでの過程が重要で、この練習では攻めのパターンを自分で工夫することを子どもたちに課しています。元立ちも簡単には打たせないように、掛かり手の攻めが不充分であれば技を出させないようにしています」

稽古中には、確実な一本を求めるために「打突の音」「踏み込みの音」「発声」を意識すること、打突が外れたときにはそこで終わらず後打ちを行なうことなどが指導されていた。

朝稽古&トレーニング

朝の時間を利用したトレーニング。朝稽古は追い込みで身体をつくる

朝の時間を利用した練習は週に4回。火曜日と金曜日が道場を使った朝稽古、水曜日と土曜日はトレーニングにあてている。そのほか、木曜日は奉仕活動として校内の清掃も行なう。

「朝稽古は7時20分から30分ほどです。道場を縦に使った追い込み稽古がほとんどで、試合が近くなれば技の練習も取り入れます。

トレーニングは学校の外周を走ったり、校庭でダッシュを行なうなどしています」

お互いの地稽古が少ない

一通りの技の稽古を終えると、休憩を入れて応じ技の稽古となった。「面に対して→小手面に対して→小手に対して→、面に対して」という順番で、連続で行なう。成長度合や時期を見て、「仕掛け技対応じ技」や、「元立ち一人に対する連続応じ技」などのメニューを行なうこともあるそうだ。

応じ技を終えたら、取材日は時間の関係で行なわれなかったが、引き技の稽古をする。この時点で、普段であれば稽古終了時間まで30分を切っており、一本勝負や森本監督による指導稽古で終わりとなる。

一般的な稽古の流れにある「掛かり稽古」や「地稽古」は、奈良大附属ではあまり行なわれない。そこには奈良大附属ならではの理由がある。

「毎週末、どこかの学校に行って練習試合をお願いしています。あまり部内で行なう地稽古は同じ相手と繰り返しやりますから、あまり発見がありません。そうであるならば、その時間を技の練習など技術を高めるために費やした方が良いのではないかというのが私の考え方です。練習試合で見つけた課題を日ごろの稽古で解消し、また翌週の練習試合に臨む。この繰り返しが本校の稽古の特徴だと思っています」

寄稿

正強高校・奈良大学附属高校で学んだこと

生き方の基礎基本をつくってくれた正強高校

小西満（昭和62年度卒）

昭和44年生まれ。正強高校→東京農業大学→奈良県高校教員→奈良県庁。六段

私が正強高校に入学する前年、奈良県ではわかくさ国体が開催されました。その年の正強高校はインターハイで準優勝を果たしており、強い憧れを持って入学したのを覚えています。

中学時代、奈良県代表として3年間全国中学校大会に出させていただいたこともあり、自分ではある程度自信を持って高校剣道に足を踏み入れました。しかし、実際に正強で剣道を学んでみると、技術はもちろんのこと、稽古に取り組む姿勢や日本一を目指す心意気など、あらゆる面でレベルの違いを痛感しました。

当時、私たち剣道部員は山本恭寿先生が借りたアパートで共同生活を送っていました。週末になれば大阪府警の特練や、大阪体育大、天理大といったところに稽古に出かけ、山本先生ご自身が車を運転されて、全国各地の高校へ遠征することも多々ありました。先生は特練に行っても防具を着けられ、元に立って特練員の稽古を受けてらっしゃいました。今思えば、いわゆる剣道のプロを相手に元に立つのは並大抵のことではなかったと思いますが、我々に剣道家としてのあるべき姿を示してくれていたのだと思います。

山本先生の指導は、勝負のうまさよりも剣道の地力を育てるものだったと思います。稽古内容も至ってシンプルで、基本稽古、技稽古、打ち込み稽古、そして地稽古といったような内容の繰り返しでした。先生からお叱りを受けるのは、決まって稽古や試合で自分勝手な剣道をしたときで、自分の未熟さを恥じるばかりでした。

正強での3年間を端的に言葉で表わすのは非常に難しいですが、多く遠征にいき、トップレベルを体感させていただけたことは、その後指導者になったときにとても役立ちましたし、かけがえのない財産だと思っています。私の生き方の基礎基本をつくっていただいた3年間でした。

3人の恩師に学び インターハイで2位入賞

川崎臣（平成2年度卒）

昭和47年生まれ、旧姓・松村。正強高校→筑波大学→茗溪学園中学校・高校教員。教士七段

私の実家はスポーツ用品店を営んでおり、正強高校の出入り業者でした。そんな縁もあって、剣道をはじめた小学2年生の終わり頃から週に3回程度、正強高校で稽古に参加させていただいていました。小学校高学年になり、正強高校が秋田インターハイで2位になりましたが、その代の先輩方に大変良くしていただき、憧れを抱くかたちで当時併設されていた正強中学校に入学することを決めました。

正強中学では西田照夫先生と池端章光先生、高校では山本恭寿先生にご指導いただきました。西田先生には技術を、池端先生には一生懸命やることの大切さを学び、山本先生には剣道に対する情熱を教えていただいたという思いがあります。とくに高校時代は、山本先生のワゴン車に乗り、関東や九州によく遠征に連れて行っていただきました。今、私は教員として中学生や高校生を指導する立場にありますが、山本先生の情熱には頭が下がるばかりです。

正強高校の道場には「全国一目指せ　正強健児」という言葉が掲げられていました。稽古はオーソドックスなものでしたが、切り返しや追い込み、相掛かりを徹底的にやった記憶があります。山本先生から「日本一」という言葉を聞いた覚えはあまりありませんが、自然と日本一を目指す気持ちになっていきました。

山本先生は、遠征に行く際に行き先を私たちに告げることがほとんどありませんでした。出発の2日か3日前になると、練習試合に行くということだけ聞かされます。どこに行くのか、誰と試合をするのか、とても不安でしたが、とにかく負けられないという気持ちで練習試合に臨んでいました。私たちの代は香川インターハイで2位に入賞することができましたが、その理由は遠征で培った経験や自信が大きかったと思います。

3名の先生方にご指導いただいたことは、今の私の土台となっています。年月を重ねるに連れ、正強で学ぶことができて良かったと感じています。

インターハイ予選で感じた 信じてもらえることのうれしさ

浦嶋勇誠（平成24年度卒）

平成7年生まれ。奈良大学附属高校→大阪体育大学→奈良県高校講師。三段

私は奈良大学附属高校に推薦で入学しました。中学時代は個人で全国中学校大会に出場することができましたが、団体では出場権を逃してしまったので、高校では絶対に団体でインターハイに出場したいと思い、奈良県で一番強い奈良大附属に入学することを決めました。

当時の奈良大附属は山本恭寿先生が監督を務め、森本大介先生がコーチというお立場でした。中学時代に一度、稽古にお邪魔したことがあったのですが、恐る恐る行ってみると先輩方は優しく、先生方には親身になって稽古をつけていただけたので、とても良い印象がありました。

実際に入学してみると、朝練もあり、夕方の稽古は本当に厳しいものだったので、心が折れそうになることもありました。しかし、山本先生が毎日防具をつけて稽古に参加されている姿を見て、私たちも先生に続こうという気持ちになり、厳しい稽古にも耐えることができたような気がします。コーチの森本先生は当時30歳前後で、私たちと年齢が近い部分もあり、胸を借りるつもりでいつも稽古をお願いしていました。

奈良大附属で学んだ3年間で、一番思い出に残っているのは3年時のインターハイ予選です。決勝戦で先鋒と次鋒が立てつづけに負け、中堅だった私は試合場に入る前に森本先生と目が合いました。そのとき〝一本やぞ、お前が返すんや〟という、信じてもらっているような目で先生が見てくれていたように感じ、あの苦境を乗り切ることができました。

山本先生からは、それまで一度も褒められたことがなかったのですが、インターハイを終えた直後に「お前がずっと勝ってくれたからな、良かったよ」と言っていただき、それまでの苦労が一気に報われたと感じました。

奈良大附属で学んだことで、身になったと感じるのは人間的な部分です。目上の方に対する礼儀や社会性といった部分は、山本先生と森本先生のおかげで高校時代に身につけることができたと感じています。剣道面においても、いわゆるうまい剣道ではなく、間合の攻防や打突の機会を大事にしたまっすぐな剣道を指導していただくことができました。これは今後、指導者の道を歩む私にとって大きな財産となりました。

重圧から解放してくれた恩師の言葉

塚本結衣（平成28年度卒）

平成10年生まれ。奈良大学附属高校→同志社大学。三段

私が奈良大学附属高校に入ったきっかけは、二つ上の兄が奈良大附属の剣道部に所属していたことが一つの要因です。奈良大附属は、男子は全国でも強豪校として名を馳せていましたが、女子は男子ほどではなかったので、進路を考える際、県外を主に考え

ていました。しかし、女子剣道部に携わるようになったばかりの森本大介先生に「お前が軸となって変えていけば良い」と声をかけていただき、その言葉を聞いて奈良大附属に進学することに決めました。

森本先生は最初から最後まで情熱あふれる先生でした。いつも私たちと同じ目線に立って戦ってくれました。戦っている私たちよりも喜んでくれるし、悔しがってくれるし、泣いてもくれます。また、先生は私たちの心に刺さる言葉を、その時、その場面に応じてポツリと言われます。その言葉で私たちの心が落ち着いたり、心に火が灯ったりします。力強く言われるときもあれば、本当に優しく言われたりして、不思議なんですが、私たちの心がスッと動かされるんです。心だけは動かされ、でも、その言葉は消えてしまっている場合が多いです。そこが本当にすごいと感じさせられています。

先生に言われた言葉で心に残っているものはたくさんありますが、その中の一つが3年生のインターハイ直前に、緊張で押しつぶされそうになっている私たちを集めて言った言葉です。

「いろんな人から期待をされてプレッシャーやろ。でも、その期待は重荷じゃないよね。多くの人が期待して背中を押してくれるんだから、それは君たちにとってプラスの力に変えられるはず。自分たちの目標に向かって、みんなの思いも背負って戦おう」

この言葉で私たちは気持ちが楽になり、最後は楽しんで戦おうと思えるようになりました。そして、森本先生には日本一になって恩返しをして、笑って、そして泣いて欲しいと思いました。

奈良大学附属高校で3年間を過ごして、人間的に大きく成長できたと感じています。森本先生に指導を受けていなければ感じられなかったことがきっとたくさんあるんだと思い、奈良大学附属で剣道をしてよかったと思っています。

島原高校〔長崎〕

剣道界に燦然と輝く「島原」の二文字。例年、全国大会で当たり前のように上位を席巻する同校は、現在校長職を務める渡邉孝経氏が赴任してから急激に成長を遂げた。部員に課すのは「文武両道」の徹底。「何事にも最善を尽くして取り組むことが、勝利につながっていく」と渡邉氏は言う。つねに結果を出し続ける島原高校剣道部は、いったいどのような稽古を積み重ねているのか――。

勉強も剣道も最善を尽す。「文武両道」こそ勝利への道

島原高校総監督
渡邉孝経

わたなべ・たかつね／昭和35年生まれ、長崎県出身。島原高校から筑波大学に進学し、卒業後、郷里長崎で教職に就く。平成元年に母校である島原高校に赴任し、20余年で同校を全国トップのレベルにまで育て上げた。現在は同校の校長職に就いている

島原高校監督

福田俊太郎

ふくだ・しゅんたろう／昭和52年生まれ、長崎県出身。長崎東高校から鹿屋体育大学を経て、長崎で教職に就く。平成29年に島原高校に赴任。現在は渡邉校長に代わり同部の監督を務めている

剣道の指導者を育てたい
県予選2戦2敗からの挑戦

「母校に赴任したのは平成元年のときでした。なんとか島原高校を強豪校にしたい、この地から剣道の指導者になれるような選手を育成したいと思い、これまで30年近くの時間を生徒とともに費やしてきました。多くの卒業生が今も剣道に携わってくれているのは、指導者冥利に尽きます」

今でこそ、剣道に関わるもので「島原」の名前を知らぬ者はいなくなったが、四半世紀以上前の島原高校はいわゆる部活動が盛んな進学校といったレベルだった。創立から119年目となる島原高校は、県内有数の進学校。

人間に与えられた時間は一日24時間と平等であり、勉強に重きを置けば当然部活動に割く時間は限られる。剣道部の実績がないのも致し方のないところだったが、若き日の渡邉孝経監督はそこをなんとか変えていきたいと思っていた。

「今でも鮮明に覚えているのは、赴任して最初に挑んだ県大会のことです。予選リーグで2戦2敗。とても悔しい思いをしました。この敗戦が、島原高校での指導者としての私のスタートラインです。まだ日本一という夢を描けるような状態にはなく、少しでも県で上位にいきたいという気持ちでした」

赴任当初、渡邉監督にとって忘れることのできない大きな出来事があった。雲仙普賢岳の噴火である。土石流や火砕流の被害をまともに受けた島原市民はそれぞれ安全な場所への避難を余儀なくされ、それは剣道部員も同様だった。当時は携帯電話も普及しておらず、生徒の所在すら把握できない。部活動以前に、学校の教育活動自体が支障をきたしているような状況だった。

散り散りになった部員たちは、隣町の体育館を借りて稽古を再開。やがて学校へは戻れるようになったが、市内を通る国道は封鎖されていたため、隣町に暮らす部員たちは通学に船を利用せざるを得なかった。降灰がひどく道場の窓を開けることはできない。とくに夏場は最悪の稽古環境であったが、そのような逆境を乗り越えて、島原高校剣道部は県の上位を席巻するようになっていった。監督就任5年目には個人戦ではあったが教え子がインターハイへと出場する。しかし、目標としていた団体での全国大会出場はなかなか達成できない悔しい状況が続いていた。

「どうすれば生徒を全国大会に連れて行けるのか。指導者として悩みを抱えている時期に助けていただいたのが、高千穂高校の吉本政美先生や佐伯浩美先生、九州学院高校の亀井徹先生や米田敏郎先生といった強豪校の先生方でした。九州の強豪校と練習試合や合宿などを重ねることによって、私も自然と、生徒たちとともに日本一という高みを目指すようになっていったと思います」

平成8年夏、島原高校は県内優勝もないままに玉竜旗で3位に入賞した。日々の厳しい稽古と強豪との手合わせが結実した瞬間だった。一つの壁を破った同校は、翌年のインターハイ県予選で男子が初優勝。数年後には女子もインターハイ出場を決め、以降は現在に至るまで、男女のどちらかがインターハイに出続けている。平成16年には春の魁星旗で悲願の初優勝を遂げ、日本一の座に着いた。

「年月を経るに連れて、生徒たちの日本一になりたいという目標がより明確になっていきましたし、結果が出るようになってまわりの期待も大きくなっていきました。私は日本一になりたいというよりも、その期待に応えるべく頑張ってきたという思いが強いのですが、魁星旗で優勝したときは、生徒の努力が実ってうれしい気持ちと、期待に応えることができてほっとした気持ち、その両方があったと思います」

平成21年には女子が同じく魁星旗を制覇。このときのメンバーは3年時に玉竜旗とインターハイを制し、ついに同高校にインターハイ優勝の栄冠をもたらした。

指導者もつねに進化を求めて今、必要な稽古を積み重ねる

赴任当初の渡邉監督は、切り返しや掛かり稽古をとにかく重ねることで、生徒に地力をつけさせようと考えていたそうである。もちろんそれは剣道の稽古としてまっとうなものであるが、それでは日本一には届かないことも、肌身で感じるようになっていった。進学校の宿命とも言える短い稽古時間。そのなかで最大限の結果を出すためにはもっと稽古に工夫を凝らさなければいけないと、渡邉監督は試行錯誤を続けた。

「高校剣道は日々進化しています。その変化に柔軟に対応していくためには、何年も同じ稽古を続けているわけにはいきません。練習法を変えていないことを誇るような方もいますが、私の考えでは、それは指導者の勉強不足だと思います。生徒の成長を感じながらつねに剣道と向き合っていれば、稽古は自然とそのとき必要なものが中心になっていくはずです」

渡邉監督は日本全国の中学校や高校、道場と交流を図りながら、そこで行なわれている稽古で〝これは〟と思うものを持ち帰って試すことを繰り返した。島原高校の稽古の特徴でもある「タイヤ打ち」は、とある道場で少年少女が行なっているのを見て取り入れたものである。自身で考えた稽古と、他で行なわれていた稽古を数多く試し、島原高校に適しているものだけが残って、現在の稽古法に行き着いた。

「稽古時間が長ければ長いほど、さまざまな稽古法に取り組んで生徒に力を着けさせることはできます。ただ、どこの学校もそれぞれの事情というものがある。島原高校は進学校という性質上、勉学をおろそかにすることはできません。稽古時間は多くて2時間半まで。その環境で頂点を目指すためには、どうしても必要な稽古と不必要な稽古をブラッシュアップする必要があるのです。今、島原高校では、私が30余年の監督人生のなかで必要だと判断した稽古法を、福田監督と相談しながら生徒の成長具合や時期によって組み替えながら行なっています」

では、現在島原高校が行なっている稽古で「必要」な部分とは何なのか。

「絶対に外せないのは〝基礎基本〟の習得です。とくに足さばきや竹刀の振り方など基本的な身体の使い方は、徹底して身体に染みこませるようにしています」

2時間半の稽古のなかで、体幹トレーニングにはじまり素振り、足さばき、タイヤ打ちなど面を着けずに行なう稽古はゆうに1時間を超す分量を占めている。

「面を着けて稽古をすると、どうしても細かい部分がおろそかになってしまいます。まずは面を着けずに基本を身につける。九州は暑いので、集中力を途切れさせないという意味もあります」

この〝集中力〟という言葉が、島原高校の稽古におけるキーワードであることは間違いない。部員たちは最初から最後まで、流

れるように出し切る稽古を実践していた。

「渡邉校長は校務の関係で稽古を見られないことも多いので、毎朝30分ほど私と校長でミーティングを行ない、指導の方針がぶれないように注意しながら今やるべきことをキャプテンに伝えるようにしています。生徒が集中力を切らさないよう、稽古はあまり途中で止めないようにしています」（福田俊太郎現監督）

面を着けてからは、切り返しや追い込み稽古、技の稽古などを行なう。ここでもつねに足を使うことが徹底されていた。途中で集合が掛かり、渡邉校長や福田監督から施されるのは、いわゆる悪癖などの矯正の仕方。ただ悪いところを指摘するだけでなく、どうすればそれが正しくなるのか、ポイントを細かく指導している姿が印象的だった。

稽古の締めは指導陣との地稽古。渡邉校長、福田監督、（現在は中村久美子氏、金子大輔氏）指導のサポートをするOGの土居裕佳氏（現金沢高校教員。現在は上村千愛氏）や、近隣で教職に就いている平石ゆいこ氏などが元に立って部員の稽古を受けていた。

気の休まるところのない2時間半の稽古を終え、部員たちは疲労困憊の様子だったが、日々の稽古でこれだけの集中力を発揮していれば強くなるのも当然だと思わされる、そんな圧倒されるような稽古だった。

自立こそ強くなる秘訣「文武両道」を体現できる人間に

渡邉校長が指導の根幹としているのが、〝人間的成長なくして技術的向上なし〟という強い想いである。人間的成長をうながすためにどのような指導を施しているのか、島原高校の剣道の特徴とともに渡邉校長と福田監督に聞いた。

＊

――渡邉校長と福田監督がそれぞれ、指導を行なう上で大切にしていることを教えてください。

渡邉　基礎基本の徹底です。とくに体幹と足さばきは、高校剣道で勝ち抜いていくために必須の部分だと考えています。私は毎年、部員の個性に合わせた指導を心がけているつもりですが、それでも島原の剣道が毎年似ていると言われるのは、この基礎基本の部分が徹底できているからだと思っています。

福田　私は監督を務めさせていただいていますが、渡邉校長の言われることを部員に徹底させることをまず第一に考えています。そのなかでもとくに重きを置いているのが生活面においてです。渡邉校長はよく「時を守り、場を清め、礼を正す」ということをおっしゃられるのですが、これは日ごろから気をつけていなければ身につかない部分でもあります。生活態度が良くなれば人としてのレベルも上がる、人としてのレベルが上がれば稽古に取り組む姿勢も変わってくる、そう考えて口やかましく徹底させていま

島高で目指す日本一

黒川雄大男子主将

私は兄が島原高校の剣道部で全国的に活躍している姿を見て、自分も続きたいと思い入学を決めました。島原高校は「文武両道」を実践していて、勉強にもしっかりと力を入れていることも魅力の一つでした。

島原高校の稽古は、時間は2時間半程度と短いですが、時間は短くてもつねに足を使って稽古をするので、体力的にキツい部分もあります。基礎基本を中心に、剣道の大事な部分を身につけられるのも、将来的に剣道を続けていくなかで大事なことだと感じています。

いつも渡邉先生からは「できることをやらないのと、できないことをやらないのは違う。人間的に自立しなさい」ということを言われています。福田監督からは「当たり前のことを日々当たり前にできるようにならなければ、剣道は成長しない」という指導をいただき、この二つの言葉を肝に銘じて稽古に臨むようにしています。

松田美結女子主将

私は島原高校のとなりにある島原第一中学校出身で、小さい頃から先輩方が全国で活躍されている姿を拝見し、同じように全国の舞台で活躍することを夢見て島原高校に進学しました。進学校で「文武両道」が徹底されているので、大会前にテスト期間などが入ると大変な部分もあります。

島原高校の剣道部の特徴は、基礎基本を徹底して正しい剣道を身につけられるところだと思います。技の一つひとつがきれいで、確実に一本になるように稽古をしているので、将来につながる剣道ができていると実感しています。

渡邉先生からはよく「やるもやらんも自分。自立しなさい」という言葉をいただきます。私は自宅生で、寮生に比べて甘えが出てしまう部分もあるのですが、甘えたらまわりの仲間と差がついてしまうので、渡邉先生の言葉をいつも思い出して自主練を課すようにしています。

福田先生からは「当たり前のことはしっかりとやること」、土居先輩からは同じキャプテン経験者として、細かいアドバイスをしていただいています。

島原高校を背負うプレッシャーはありますが、同級生や後輩が支えてくれているので、つねに全力で稽古や試合に臨むことができています。

す。

――基礎基本の徹底が、未来の勝利につながる。

渡邉　そう思います。そのためには体幹トレーニングと足さばきは欠かせません。基礎基本の土台があるからこそ、選手それぞれの個性が活きるのだと思います。私はよく「個性」を「特性」に変えるということを言います。一発でストンと面を打てる選手もいれば、技をつないで一本をもぎとるタイプの選手もいる。前に出る技が得意な選手もいれば、応じ技が得意な選手もいる。いろんなことができるように指導を施していきますが、いざという場面では本人の良いところで勝負していかなければなりません。その良いところというのが「特性」で、勝負のできる技を試合で出せるように指導しています。

福田　身体をつくることも一つの稽古だと考えています。私が学生のころから、島原は身体の大きい選手が多いという印象がありましたが、いまここで指導に携わるようになって、その理由が分かりました。男子であれば平均５８００キロカロリー、女子でも４０００キロカロリー以上を日々の食事で摂取し、その上でトレーニングを行なって身体を大きくしていっています。

――どのような指導をして、部員に人間的成長をうながしているのでしょうか。

福田　部員と積極的にコミュニケーションをとることが大事だと考えています。うわべだけの生徒は肝心なところで違う行動をとってしまうものなので、コミュニケーションを密にすることで成長をその都度確認しています。

渡邉　人間的成長とは、生徒が自らなんでもできるようになることと、言い換えれば〝自立〟するということです。入学した段階で自立している者などほとんどいません。高校という場所は、自立をうながす最後の訓練の場だと認識しています。自立できると浮ついた心が削られて行動が大人になり、さまざまなことに気がつくようになる。こんな選手が5人揃えば、全国優勝も夢ではないと考えています。

――全国で勝ち抜いていくために必要なことは何ですか？

渡邉　それは分かりません。分かっていればもっと優勝できているると思います。ただ、根底にあるのは〝無いものねだりをしない〟ということです。たられぱが多くなれば工夫がおろそかになります。現状の戦力でなにをしていけば少しでもレベルアップできるのか、日々その試行錯誤の繰り返しです。

福田　今、島原高校が全国のトップで活躍できているのは、渡邉校長が目の前のことをおそろかにすることなくやらせているからだと思います。中学時代に実績を出していた部員は決して多くないですが、それぞれが自分のやるべきことを徹底すれば、チームの総合力で勝利をつかむことができる、そう思っています。

渡邉　島原高校には、剣道は好きだけども勉強も同事にしっかりと頑張りたいという生徒が多く来ています。往々にして、今の高校は勉強はそこそこにしてアスリートを目指すか、反対にアスリートになる夢を諦めて勉強するかの二択を迫られる傾向にあります。島原高校の校是は「文武両道」。私はこの精神を体現できる生徒をこれからも育てていきたいと思います。

体幹トレーニング

わずかな時間も無駄にしない。準備運動の代わりに体幹を鍛える

一般的な剣道の稽古と言えば、準備運動を終えて素振りに入るが、島原高校の稽古は体幹トレーニングからはじまる。トレーニングの種類は多岐にわたるが、取材当日は四つん這いになって床を這うように動くものであったり、雑巾で足場を不安定にして手だけで前に進むもの、竹刀を使用したY字バランスのようなものが行なわれていた。

「体幹を鍛えることは、基礎基本を習得するための土台となります。体幹を鍛えておけば、体勢の崩れが少なくなり、打突にも冴えが生まれます。ただし、島原高校は朝稽古もなくトレーニングの時間を充分にとることができないので、このように稽古のはじ

めに準備運動の代わりとして行なうようにしています」

素振り

打突時、打突後のフォームを意識し、正しい打突姿勢を身につける

体幹トレーニングに続いて行なわれたのは素振り。ここも体幹トレーニングと同様、多彩な素振りが実践されていた。部員の傍らには竹刀、重い木刀、軽い木刀の三本が用意されており、素振りの種類によって使い分けられていた。

「素振りに木刀を使用するのは刃筋を意識させるため。重さに違いを持たせるのは、素振りで正しいフォームを身につけるためです。重い木刀は筋力や打突力を向上させるには有効ですが、力まかせに振ろうとするのでフォームに崩れが出てしまいます。そのために軽い木刀を使用して、フォームを確認させます。素振りの種類が多いのは、剣道にある四つの打突部位それぞれにフォームがあるからです。フォームを確認しながら数多く振り、素振りを実戦に直結させることを心がけています」

体幹を鍛えることで基礎基本を習得するための土台をつくり上げる

タイヤ打ち

身体をさばきながら行なうタイヤ打ち 手の内を鍛えて身体の使い方を知る

タイヤ打ちは渡邉校長がとある少年道場で行なわれていたものを持ち帰り、高校生用に改良したものである。取材当日に行なわれていた稽古法は大きく4種類。最初は頂点につけられた小さな印をめがけてタイヤを打ち込んでいく。

「一本一本集中して、印に向かって竹刀を振り下ろしていきます。印を狙うことで、稽古や試合でも確実に有効打突になる打突を身

竹刀、重い木刀、軽い木刀と三本を使い分けながら素振りを行なう

につけることができます」

続けてタイヤの配置を変えて行なわれたのが、身体を横にさばきながらの連続打ちである。これも打突部位を意識しながら、素早く横に移動しつつ打突していく。タイヤを交互に配置したものは身体を左右にさばきながら打ち込んでいくため、体幹づくりにも一役買っているようだ。

最後は小手の位置と面の位置にタイヤを配置し、連続で打ち込んでいくものを実践していた。取材当日は那珂川北中学校が出稽古にきていたため、方法をレクチャーしながらの稽古となったが、高校生はしっかりと手の内を利かせながらリズミカルにタイヤを打ち込んでいた。

「小手面の連続打ちは、通常の竹刀よりも重いものを使用して行ないます。この竹刀で通常の竹刀と同じように打ち込むことができるようになれば、手の内の利いた冴えのある打ちが身につきます」

タイヤを打ち込むことで手の内を鍛える。タイヤをさまざまなかたちに配置することで、体さばきを習得する

足さばき

剣道の土台となるのは足さばき。つねに適正な姿勢を維持する

渡邉監督が「剣道でもっとも大事な部分であり、高校剣道には欠かせない」とまで言うのが、足さばきの稽古である。一昔前まではは少年指導の場でよく見かける光景であったが、現在はどこの強豪校も足さばきを重視して時間をかけて行なっている。

「体幹トレーニングにも関連してきますが、足さばきによって適正な姿勢を維持しておかなければ正しい打突はできません。足さばきの稽古は充分に時間をとって行なうようにしていますが、それ以外の部分でも、一日の稽古を通じて足を止めず、つねに足を鍛えることを意識させています」

稽古内容は、前進後退の足さばきや踏み込み足を取り入れたもの、円を描くように足を使うものなど多岐にわたっていた。

どんなときも適正な姿勢を維持することを意識しながら足を動かす

追い込み稽古

打突後の備えを忘れず、つねに打ち出せる足構えをつくる

稽古の中盤で行なわれていたのは追い込み稽古。まずは四人が縦に並んで元に立ち、連続で打ち込んでいくものからはじまった。面打ちだけでなく、小手打ちや胴打ちを織り交ぜたものも行なわれていた。

「この稽古で大事になるのは、打突後の構えです。一人目の面を打ったらしっかりと一度構え直してから次に向かう。そうすることで隙がなくなり、反対に打突へと瞬時に移行することもできるようになります」

追い込みは一般的な面や小手の連続打ちのほか、道場を斜めに使って相手の打ち終わりに狙いを定めた稽古なども行なわれていた。

総じて意識づけられていたのは、足を細かくさばいて体勢の崩れを抑制すること。つねに打ち出せる足構えが維持されていた。

追い込み稽古は足を止めない島原の稽古の真骨頂。つねに打ち出せる足構えをつくっておくことが重要

寄稿

受け継がれる島高魂

昨今、島原高校の卒業生が各世代で活躍を見せている。島原高校で学んだことが社会生活や生涯剣道のなかでどう息づいているのか。ＯＢ・ＯＧの声をきいた——。

「文武両道」の実践
いかに素敵な人間を育てていくか

小林　史宜
昭和46年生まれ、長崎県出身。

私が島原高校に入学した当時、剣道部は渡邉先生の前任である柴崎悠久雄先生が監督を務められていました。3年生になったときに渡邉先生が壱岐高校から赴任してこられ、指導をいただくようになりました。

当時の島原半島はとても剣道が盛んで、1市16町から各中学校の主将や大将クラスが島原高校に進学していました。部員も50～60名ほど在籍していたと思います。ただ、県内で優勝できる力があったかと言えばそうではなく、西陵高校や長崎東高校、長崎南山高校にはなかなか勝つことができませんでした。私の代の最後となったインターハイの県予選は予選リーグで2戦2敗。現在のような日本一を目指して戦う雰囲気は、まだなかったと記憶しています。

当時を思い返すと、渡邉先生もまだお若く、指導に関しても試行錯誤を繰り返していた時期だったと思います。柴崎先生から大きく稽古内容が変わったわけではありませんが、とにかく基本を大事にした稽古をしていました。現在の高校生が実践しているようなシステマチックな稽古ではなく、切り返し、打ち込み、掛かり稽古が主であり、今では島原高校の特徴の一つとなっている足さばきの練習も、あまりやった覚えはありません。そのかわりではないですが、自転車のペダルを手で漕いだりといったいわゆる筋力トレーニングは、いち早く取り入れていたと思います。渡邉先生との稽古は非常に厳しいものでしたが、なんとか根性で耐え

今年で創立119年目となる長崎県立島原高等学校。県内有数の進学校として、島原半島から数多の俊英を輩出した

抜くことができました。

卒業から長い年月が経って、今、学生時代を振り返って感じるのは、渡邉先生の剣道に対する情熱、そして人間を育てることに対する熱意です。渡邉先生は〝いかに素敵な人間を育てていくか〟ということに苦心されていました。剣道だけでなく生活面も大事にされ、島原高校の伝統として「文武両道」の実践を私たちに求めていました。私は今、福岡県で教職に就いていますが、渡邉先生のされていたことの難しさを身に沁みて感じているところです。

高校卒業後、私は渡邉先生の勧めもあって島根大学に進学し、教員の道を志しました。剣道を指導する立場になってからは渡邉先生に相談に乗ってもらうことも多々あり、年に一度か二度、今でも中学生を連れて島原高校に出稽古に行かせていただいています。

高校の稽古に中学生を参加させる意義は、「文武両道」を実践している高校生の姿を間近で体験させてあげたいからです。島原高校の部員たちは短い稽古時間のなかで、次の行動、次の仕事を考えて指示される前にパッと動きます。その動きを見て真似をしているうちに、中学生も行動意識が見違えるほど変わっていくのが分かります。この経験は、なにものにも代えがたいものです。

渡邉先生の指導下による初期のOBとしては、現在の日本一を争う島原高校剣道部の姿は想像ができません。やはり渡邉監督の情熱があったからこそ、ここまで登りつめることができたのだと思います。中学生たちにはこれからも、島原高校の部員たちを身近に感じてもらい、何事も自分から求めていくことの大切さを学んで欲しいと思っています。

自分の役割をまっとうすることでつかんだインターハイ優勝の栄冠

平石ゆいこ
平成3年生まれ、長崎県出身。

私が島原高校に進学を決めたのは、3つ上の兄が通っていたこと、憧れていた先輩がいたこと、そして島原高校で剣道の日本一になりたいと思ったからです。日本一を目指して島原高校の門を叩きましたが、実際のところ、島原高校がどのような稽古をしているのか、渡邉先生がどのような指導をされるのかというのはまったく知らないままの入部でした。

剣道部に入部して最初の夏は、渡邉先生の言われる〝基礎基本〟を徹底して身につける期間でした。足さばきや踏み込み、一挙動の打突など、島原高校の剣道部員であれば、1年生の時点でこれらは身につけておかなければなりません。このときの稽古は、今でも私の剣道の土台となっています。

島原高校の稽古は他の強豪校と比べると時間も短く、傍目には決して厳しいとは言えないと思います。ただし、実際に体験してみるとその内容は濃密で、必要なことだけを2時間半に詰め込んだ、計算され尽くした稽古であることが分かります。私の現役時代は今よりも部員が少なく、同級生は4名しかいませんでした。その分、渡邉先生の目が行き届いているため、いつも張り詰めた緊張感のなかで稽古をしていたように思います。

当時の渡邉先生はつねに実戦に沿った指導をされていました。具体的に対戦相手やその場面を想定しながら行なう稽古は私にとって新鮮で、とても分かりやすいものでした。前述したように私の同級生は4名しかいなかったため、試合におけるポジションもほぼ固定されていました。渡邉先生がよくおっしゃっていたのは、「自分の役割をまっとうすれば勝てる」ということです。私は大将を務めていたのですが、大将は引き分けでも勝利が決まる場面もあれば、必ず一本を獲らなければならない場面もあります。その状況に応じた練習を日々重ねていたからこそ、いざその場面が訪れたときに焦ることなく対処ができるようになったのだと思います。

島原高校の稽古の特長は〝自分で考えること〟にあると思いま

す。自分たちの稽古をビデオに撮影して研究し、1時間以上にわたって技の稽古を行なうこともありました。渡邉先生からは「できるまでやること」を指導されていましたし、これ以上やれることはないというところまで追い込んで稽古をしていました。

2年時の3月、魁星旗ではじめて日本一になりました。直前の高校選抜で負けていたので、まさか優勝できるとは思っていませんでしたが、この優勝で夏の玉竜旗やインターハイへの想いがさらに強くなったと思います。今でも渡邉先生には「よくあのとき優勝できたな」と言われます。たしかに、個々の力だけをみれば日本一に手が届くメンバーではなかったかもしれませんが、自分の役割をまっとうすれば日本一も夢ではない、渡邉先生のご指導により私たちは自信を持って玉竜旗とインターハイに臨むことができ、優勝を勝ち取ることができました。

「自分の役割をまっとうすること」は剣道に限らず、社会に出ても通用する大事な要素です。島原で学んだ3年間で、私は多くの経験を積むことができました。この経験を、今後の社会人生活のなかで活かしていきたいと思います。

「できないことはできるまでやれ」努力する心を育ててくれた

林田 匡平

平成6年生まれ、長崎県出身。

私は島原市の出身で、小さいころから島原高校は憧れの存在でした。中学時代は県大会でベスト8とあまり実績を残すことはできていませんでしたが、日本一になりたいという思いは強く、それなら島原高校しかないと思い入学を決めました。

入学したときの3年生は、大坪学嗣先輩をはじめとして屈強な選手が揃っていました。当時の私は体重も50キロ台後半と身体が細く、渡邉先生からはまず身体をつくるところからはじめなさいとご指導いただきました。島原高校では伝統的に、一日に６００0キロカロリー以上を摂取することが求められます。朝のトレーニング後、休み時間、昼休みなど、とにかく空いている時間を食事に費やしました。食事とトレーニングを繰り返した結果、最終的に体重は70キロ台前半まで増え、やっと全国で戦える身体ができました。

島原高校の稽古の良いところは、努力する心を育ててくれることだと思います。渡邉先生は私たちの成長を見ながら、要所要所で必要な指導を施して下さいます。教えすぎず、私たちは自分で先生の指導を噛み砕きながら稽古を積み重ねることで、その指導を身体に覚え込ませていきました。渡邉先生はよく「できないことはできるまでやれ」とおっしゃいます。稽古時間内に解決できないことがあれば、居残ってやることもありましたし、昼休みなどを利用して面を着けずに稽古することもありました。土日は比較的稽古時間がとれるので、その時間を活用することもありました。とにかくできるまでやり通すことを繰り返すことで、努力することの大切さとそこから得られる達成感を、身をもって感じることができました。

技術的な部分においては、足をつくることができたのがとても大きな収穫でした。面を着けずに行なう足さばきの稽古が多く、2時間半の稽古中はつねに足を動かしている印象がありました。休憩中も雑巾がけで足を動かすほどです。高校時代に足を徹底的に鍛えたことで、どんなときでも技を出すことのできる足ができたと感じています。

稽古内容は基礎基本を身につけるためのものが大半を占めますが、試合に勝つということでは練習試合の多さも島原の特長だと思います。私が高校生当時、島原には中学時代に全国区で活躍した選手はほとんどいませんでした。九州学院や福大大濠など、試合巧者の強豪と練習試合を行なうなかで打つところと打たれるところを研究し、道場に持ち帰って稽古のなかで身につける。これを繰り返すことで自分たちのレベルを引き上げていきました。

島原で3年間を過ごすことができたのは、今振り返ってもとても貴重な時間でした。島原の卒業生がこれだけ活躍をみせているのは、自分からやろうとする自主性を身につけることができているからだと思います。

昨年、全日本選手権で3位に入賞することができ、韓国で開催される世界大会の日本代表にも選んでいただくことができました。どちらも島原時代の教えが活きていたからこそ、成し遂げられたことだと感じています。世界大会では優勝はもちろん、これが日本の剣道だというところを世界に示すことができるように頑張ってきたいと思います。

先生の教えを噛み砕いて補う「自分で考える力」が身についた

竹中 美帆
平成10年生まれ、鳥取県出身。

私は島原高校で「自分で考える力」を身につけることができました。島原は自主性を重んじる稽古が主体であり、監督の渡邉先生から指導されたことを自分で噛み砕いて、足りないところを補っていくというスタイルでした。昼休みに走ったり、寮にもどって夕食をとってから駐車場で素振りをしたり、イメージトレーニングで打ち込みをしたりと、生徒それぞれが自主的に自分の課題を克服できるようにトレーニングしていました。自分で足りないところを見つけて補うという姿勢は、筑波大学に進学した今も活かすことができていると思います。

また、足さばきやタイヤ打ちといった面をつけずに行なう稽古が長いのも、島原の特徴だと思います。2時間半と稽古時間は決して長くはありませんが、基礎基本をしっかりと身体に叩き込むことができ、剣道の土台をつくることができたと感じています。

私が島原高校への進学を決めたきっかけは、中学生のときに島原がインターハイで優勝した姿をテレビで見たからです。島原で剣道を学べば日本一になれる、渡邉先生に剣道を教わりたいと思いました。

渡邉先生には、技術はもちろんですが精神面で大いに鍛えていただきました。それまでの私は試合で力を発揮できないことが多く、練習試合のときから「つねに二本獲ってこい」と指導されていました。「二本とることが当たり前だ」と、自分に圧力をかけながら試合をすることができるようになったので、精神的に強くなり、そのおかげで、3年生のときにインターハイ個人戦で優勝することができました。この最後のインターハイは、高校時代の一番の思い出として今でもはっきりと覚えています。

私は1年生の新人戦からレギュラーとして大会に出場させていただきましたが、そこまでの結果は満足できるものではありませんでした。だからこそ「最後こそは頑張ろう」と、期するところもありました。ですが、団体戦はベスト16で負けてしまい、そのショックが大きく、とても個人戦を戦っていける心境ではありませんでした。そのとき、渡邉先生から「仲間の分まで戦ってこい」と言われ、腹を括って試合に臨むことができました。全国で一番になれたのははじめてだったので、勝ったときは本当に嬉しかったです。試合が終わった後に渡邉先生が握手して下さったのですが、そのときに改めて「優勝したんだ」と実感が湧いて涙が出てきました。その後に開いていただいた祝勝会で「強いから勝ったんだ」とみんなの前で褒めて下さったことは、とても印象的で忘れられません。

大学生の私が世界大会の日本代表に選んでいただくことができたのも、自分だけの力ではなく、島原高校時代に受けた渡邉先生の指導があったからだと感じています。まわりで支えて下さる多くの方々に感謝をして、世界大会では頑張ってきたいと思います。

【初出一覧】

本書に収録した記事はいずれも雑誌『剣道時代』に掲載されたものです。監督の年齢、段位、選手の学年などは当時のものです。

九州学院高校	剣道時代2017年２月号
水戸葵陵高校	剣道時代2017年８月号
明豊高校	剣道時代2017年９月号
本庄第一高校	剣道時代2017年11月号
高千穂高校	剣道時代2018年２月号
奈良大学附属高校	剣道時代2018年８月号
島原高校	剣道時代2018年10月号

剣道《けんどう》強豪《きょうごう》高校《こうこう》の稽古《けいこ》

発　行――令和3年6月29日　第１版第１刷発行
著　者――剣道時代編集部
発行者――手塚栄司
組　版――株式会社石山組版所
撮　影――徳江正之、西口邦彦
編　集――株式会社小林事務所
発行所――株式会社体育とスポーツ出版社
〒135-0016 東京都江東区東陽2-2-20 3階
TEL 03-3291-0911
FAX 03-3293-7750
http://www.taiku-sports.co.jp
印刷所――図書印刷株式会社

ISBN978-4-88458-428-3 C3075 Printed in Japan